문제 유형별 핵심 포인트 총정리

시사 일본어능력시험 JLPT 합격 시그널

저자 本田ゆかり, 前坊香菜子, 菅原裕子, 関裕子

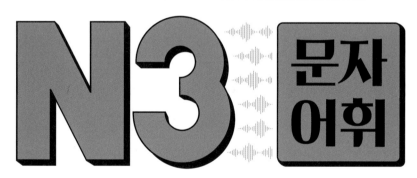

N3 문자 어휘

시사일본어사

머리말

JLPT 합격 시그널 N3 문자·어휘

일본어능력시험(Japanese-Language Proficiency Test)은 일본어를 모국어로 하지 않는 학습자들의 일본어 능력을 측정하고 인정하는 것을 목적으로 하는 시험입니다. 일본어의 능력을 증명하는 수단으로 진학·취직·승진 및 승격·자격 인정 등 다양한 분야에 활용되고 있어서 일본어능력시험 합격은 많은 학습자의 목표가 되었습니다.

일본어능력시험은 2010년에 학습자나 그 목적의 다양화 및 활용 분야의 확대 등에 발맞추어 '과제 수행을 위한 언어 커뮤니케이션 능력'을 측정하는 시험으로 내용이 크게 바뀌었습니다. 그러나 방대한 언어 지식을 배워서 운용하는 힘을 높이는 것은 그리 간단하지 않습니다. 특히 비한자권 학습자나 공부 시간의 확보가 어려운 학습자에게 있어서는 합격까지 가는 길이 더욱 힘들게 느껴지는 경우가 적지 않습니다.

본 교재는 수험자 여러분이 시험에 필요한 최소한의 힘을 단기간에 몸에 익혀서 합격에 한걸음 더 다가갈 수 있도록 고안된 본격 시험 대비용 학습서입니다. 엄선된 항목별 문제 풀이 과정을 통해 스스로 문제를 이해하고 해결하는 힘을 기르는 것을 목표로 합니다.

이 책에서는 N3 레벨의 '문자 · 어휘'를 학습합니다.

이 책의 특징

① 최우선으로 익혀야 할 주요 어휘를 엄선했습니다.

② 어휘와 한자를 효율적으로 함께 익힐 수 있습니다.

③ 해설이 있어 독학 학습자에게도 적합합니다.

이 책은 저자의 연구 성과와 언어의 데이터베이스를 통계 분석한 결과에 기초하여 시험에 출제되기 쉬운 어휘를 엄선했습니다. 그 가운데에서도 범용성이 높은 어휘를 채택하여 시험 대책뿐만 아니라 어휘에 사용되는 한자를 함께 익히기 때문에 한자가 서툰 학습자도 부담감이 적어 효율적으로 학습할 수 있습니다. 문제는 실제 시험과 동일한 형식의 양질의 연습 문제로 이해하기 쉬운 해설이 제공됩니다. 번역도 수록되어 있어 독학 학습자용 교재로서도 유용합니다. 이 책의 문제별 핵심 포인트 내용이 시험 준비에 도움이 되기를 바랍니다.

저자 일동

목차

일본어능력시험 **N3 문자 · 어휘** 파트 소개

시험 레벨

일본어능력시험은 N5 ~ N1의 레벨입니다.

N3는 중간 레벨로, 일상적인 장면에서 사용되는 일본어를 어느 정도 이해 가능한지를 측정합니다.

N3 시험 과목과 시험 시간

과목	언어지식(문자 · 어휘)	언어지식(문법) · 독해	청해
시간	30분	70분	45분

N3 문자·어휘 문제

문제		문항 수	목표
1	한자읽기	8	한자로 쓰인 말의 읽기를 묻는다.
2	표기	6	히라가나로 쓰인 말이 한자로 어떻게 쓰여지는지를 묻는다.
3	문맥규정	11	문맥에 따라 의미적으로 규정되는 말이 무엇인지를 묻는다.
4	유의표현	5	출제된 어휘와 비슷한 의미의 어휘를 묻는다.
5	용법	5	출제된 어휘가 문장 가운데 어떻게 사용되는지를 묻는다.

〈문항 수〉는 매회 시험에서 출제되는 문항 수를 기준으로 하되, 실제 시험에서의 출제되는 문항 수와 다소 차이가 나는 경우가 있으며 변경될 수도 있습니다.

N3의 득점 구분과 합격 여부 판정

득점 구분	득점 범위	기준점	합격점/종합득점
언어지식(문자 · 어휘, 문법)	0 ~ 60점	19점	95점/180점
독해	0 ~ 60점	19점	
청해	0 ~ 60점	19점	

총 180점 만점에 합격점은 95점 이상입니다. 단, 언어지식(문자·어휘, 문법), 독해, 청해의 각 영역별 과락 기준 점수 19점을 넘어야 합니다. 종합 득점이 95점 이상이라도 각 과목별 득점이 한 파트라도 18점 이하의 점수가 있으면 불합격 처리됩니다.

일본어능력시험 공식 웹사이트 (https://www.jlpt.or.kr)에서 발췌
자세한 시험 정보는 일본어능력시험 공식 웹사이트에서 확인하세요.

이 책을 사용하시는 **학습자분께**

1 목적

엄선된 어휘와 한자를 익혀 시험 합격에 필요한 최소한의 힘을 기릅니다.

2 구성

❶ 본책

연습 문제

본 시험과 동일한 형식의 문제를 수록한 회차와 본 시험 형식과 다른 「やってみよう」라는 문제가 있는 회차가 있습니다.

やってみよう: 단어를 이해하고 익히기에 유용한 연습 문제입니다.

1 문맥규정

2 유의표현

3 용법

4 한자읽기

5 표기

우선 문제를 풀어 보고 단어나 한자를 얼마나 알고 있는지 확인해 봅시다.

모의시험

일본어능력시험 〈문자 · 어휘〉 파트 1회분의 모의시험입니다. 이 책에서 학습한 어휘와 한자가 사용되었습니다. 시험 시간 30분을 재고 얼마나 풀 수 있는지 시도해 봅시다.

주요 어휘

주요 어휘에는 '단어 및 표현'과 '한자' 리스트가 있습니다. '단어 및 표현' 리스트에는 문제에서 사용된 어휘와 한국어 뜻이 함께 표기되어 있습니다. '한자' 리스트에는 해당 회차에서 외워야 할 한자와 그 한자를 사용한 단어가 수록되어 있습니다. 한자 읽기는 가타카나의 경우 음독을, 히라가나의 경우 훈독을 나타냅니다. 문제를 먼저 풀어 보고 모르는 단어가 있으면 주요 어휘를 체크하여 확실히 익혀 두도록 합시다.

❷ 별책

정답 및 해설

문제의 정답과 해설은 별책에 수록되어 있습니다. 정답에 해당하는 문장에는 한국어로 번역이 함께 제시되며, N3 레벨 이상의 단어에도 번역이 되어 있기 때문에 학습자가 해설을 읽으며 스스로 학습 가능합니다.

3 범례

주요 어휘	Ⅰ Ⅱ 동사의 그룹	★ 특히 중요한 말	
	비슷한 의미의 말	반대 의미의 말	관계있는 말
	自 자동사	他 타동사	
별 책	→ 주요 어휘 참조	보충 설명	

4 표기

기본적으로 상용 한자표(2010년 11월)에 있는 것은 한자로 표기했습니다. 단, 히라가나 표기가 적절하다고 판단될 경우에는 예외로 히라가나로 표기했습니다.

연습 문제에서는 구 일본어능력시험 2급 이상의 한자를 포함한 어휘를 다루었으며, 주요 어휘와 별책의 정답 및 해설에서는 모든 한자에 읽는 법을 달았습니다.

5 독학 학습 방법 및 학습 시간

우선, 문제를 먼저 풀어 봅시다. 1회분의 문제는 10분 정도에 풀 수 있도록 연습해 보세요. 다음에 정답 및 해설을 보고 답을 체크하고 마지막에 주요 어휘를 보면서 단어의 의미나 사용법, 한자 쓰는 법과 읽는 법에 대해 자세하게 확인해 봅시다. 즉, **연습 문제 → 정답 및 해설 → 주요 어휘 확인**의 순서로 학습합니다. 주요 어휘가 연습 문제 뒤에 수록된 것도 그 이유입니다. 주요 어휘에는 화제나 장면마다 단어가 정리되어 있기 때문에 단어가 그 화제나 장면 속에서 어떤 예문과 함께 사용되는지를 생각하거나 비슷한 의미나 반대 의미의 말을 관련 지으면서 외우면 효과적입니다. 그러나 만약 문제가 너무 어렵다고 느껴지면 주요 어휘를 먼저 학습한 뒤, 연습 문제를 풀어보는 방식으로 진행해도 좋습니다. 그 경우에는 **주요 어휘 → 연습 문제 → 정답 및 해설**의 순서로 학습합니다.

이 책을 사용하시는 선생님께

1 교실 수업 진행 방법 및 학습 시간

이 책에서는 먼저 시험 형식의 문제를 풀고, 나중에 어휘나 한자를 리스트에서 확인합니다. 이와 같이 진행하면 시험과 같은 긴장감 속에서 배운 말을 기억해 내려고 하며, 모르는 단어에는 특히 주의를 기울이기 때문에 기존 지식의 정리, 모르는 어휘나 한자에 대한 깨달음, 이해, 기억이 순조롭게 진행됩니다.

학습 시간은 각 회당 45분 정도로 진행해 나가는 것을 상정하고 있습니다만, 학습자의 학습 속도나 이해도에 맞춰서 조정할 수 있습니다. 연습 문제와 주요 어휘의 확인을 과제로 내고 교실에서는 필요한 부분만 한정해서 설명을 덧붙이는 방법을 쓰면 1회당 20분정도로 줄일 수 있습니다.

문제 풀기 (목표: 10분 정도)

시간을 재고 문제를 풉니다. 문제에 사용된 어휘는 타깃이 되는 어휘 이외에는 기본적으로 N3 레벨보다 쉬운 어휘와 한자로 제한되어 있어 N3의 수험을 목표로 하는 학습자라면 무리 없이 풀 수 있습니다.

정답 및 해설

그 다음, 문제의 정답을 체크하여 해설을 합니다. 이때, 주요 어휘를 참고하면서 단어의 의미와 사용법을 확인해도 좋습니다.

주요 어휘 체크

마무리로 주요 어휘에서 해당 회차에서 다룬 단어 및 표현, 한자 중에 이미 알고 있는 항목은 무엇인지, 또는 새롭게 학습한 것은 무엇인지 체크하여 각각의 단어 뜻과 사용법, 한자 쓰는 법을 확인합니다.

2 학습 지도 포인트

- 용법 문제(바른 사용법을 선택하는 문제, 본책 문제 **3**)는 타깃이 되는 말의 의미를 아는 것만으로는 풀 수 없는 경우가 많기 때문에, 해설을 할 경우 예문을 보충하면서 해당 어휘의 사용법(어휘 뜻의 범위, 그리고 함께 사용되는 말에 관한 규칙 등)을 세심하게 설명해 주시는 것이 좋습니다. 학습자에게 정답의 이유를 생각하게 하여 설명하게 하는 것도 좋은 방법입니다.

☑ 주요 어휘에서 어휘 지식에 관해 확인할 경우, 타깃이 되는 말에 관련된 유의어, 반의어, 연결어(함께 사용되기 쉬운 말), 자동사와 타동사 등도 학습자가 이미 알고 있는 말을 중심으로 정리하면 학습 효과가 높아집니다. 한자의 경우 해당 한자가 사용되는 학습 어휘를 정리하는 것도 좋습니다. 주요 어휘에서 제시하는 어휘나 한자는 시험에 출제되는 기준에 입각하여 엄선한 것이며, 주제에 따른 항목이 모두 망라되어 있는 것은 아닙니다. 각 회차의 테마에 관련된 기존의 학습 항목이 그 밖에 있으면 표시하여 학습자 지식에 새롭게 추가해 가면 이해나 기억 강화로 연결됩니다.

☑ 동사는 함께 사용하는 조사에도 포커스를 맞추어 지도합시다.

☑ 추상도가 높은 어휘, 부사나 동사 등의 의미나 사용법이 어려운 어휘는 학습자의 이해도에 맞추어 예문을 보충해 주세요. 예문은 타깃 어휘 외에는 기존 학습 어휘로 작성하면 학습자에게 있어서 부담이 줄어 이해하기 쉬워집니다.

이 시리즈에서는 학습에 맞추어 닌자와 함께 일본 각 지역을 여행합니다. 〈문자 · 어휘〉, 〈문법〉, 〈독해〉, 〈청해〉를 함께 학습하면 일본 일주가 가능합니다.

〈문자 · 어휘〉에서는 「近畿(きんき) 긴키 · 四国(しこく) 시코쿠 · 中国地方(ちゅうごくちほう) 주고쿠 지방」을 여행합니다.

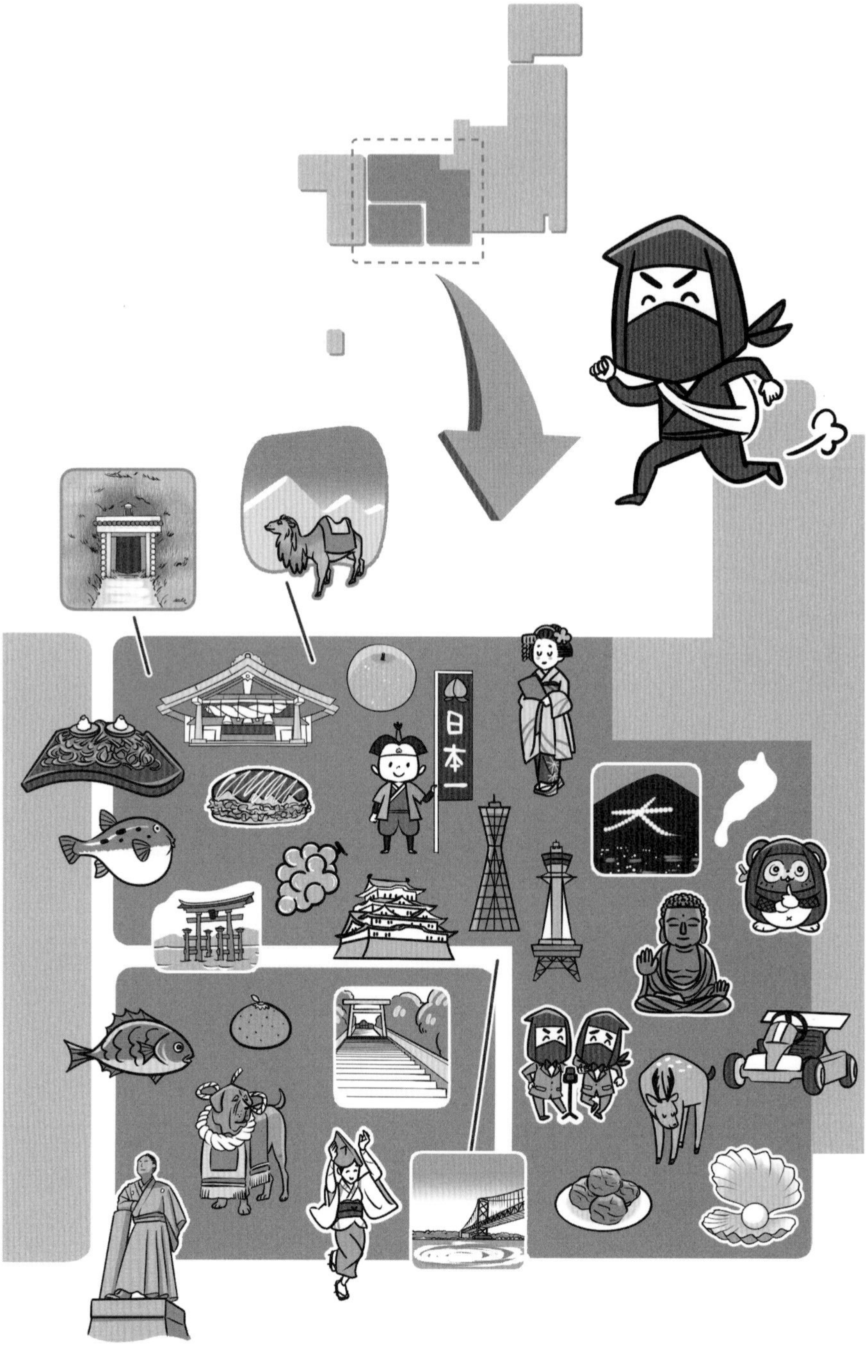

연습 문제

1회 生活(せいかつ)（1）わたしの一日(いちにち)

생활 (1) 나의 하루

주요 어휘 82p

やってみよう　正しいほうをえらびなさい。

1)　今日は１日ゆっくりと（　暮らす　過(す)ごす　）つもりだ。

2)　友達(ともだち)といっしょに楽しい時間を（　過(す)ぎた　過(す)ごした　）。

3)　赤ちゃんが（　のんびり　ぐっすり　）眠っている。

1　（　　　）に入れるのに最もよいものを、一つえらびなさい。

1)　昨日(きのう)、（　　　）高校のときの友達(ともだち)と町で会った。

1　ぐうぜん　　2　ときどき　　3　ふだん　　4　たまに

2)　１か月の仕事の（　　　）を手帳(てちょう)に書いた。

1　ジョギング　　2　スケジュール　　3　ドライブ　　4　エレベーター

3)　（　　　）寝(ね)ていたので、地震(じしん)に気づかなかった。

1　ぐっすり　　2　やっぱり　　3　しっかり　　4　はっきり

4)　彼女(かのじょ)は教室の前で（　　　）、ポスターを見た。

1　集まって　　2　うかがって　　3　立(た)ち止(ど)まって　　4　取(と)り替(か)えて

5)　姉は目立つのが好きで、いつも派手(はで)な（　　　）をしている。

1　都合　　2　洋服　　3　服装(ふくそう)　　4　具合(ぐあい)

2　＿＿＿に意味が最も近いものを、一つえらびなさい。

1)　今日は夜遅(おそ)くまで残業(ざんぎょう)して、とても<u>くたびれた</u>。

1　忙(いそが)しかった　　2　大変(たいへん)だった　　3　疲れた　　4　困(こま)った

2)　将来(しょうらい)、大きい家を建てて、家族といっしょに<u>暮らしたい</u>。

1　過(す)ごしたい　　2　生活(せいかつ)したい　　3　世話したい　　4　引(ひ)っ越(こ)ししたい

3 つぎのことばの使い方として最もよいものを、一つえらびなさい。

1) 中古

1 この服は姉の中古だけど、気に入っている。

2 これは中古の缶詰(かんづめ)だから、早く食べよう。

3 先週買った野菜が中古になったので、捨(す)てた。

4 卒業(そつぎょう)した先輩(せんぱい)に中古の冷蔵庫(れいぞうこ)をもらった。

2) のんびり

1 休みなので、家族で公園(こうえん)をのんびり散歩(さんぽ)した。

2 大切な書類(しょるい)なので、のんびり丁寧(ていねい)に書いた。

3 緊張(きんちょう)しないで、のんびり面接(めんせつ)を受(う)けることができた。

4 道が混(こ)んでいて、車がのんびり動いている。

4 ＿＿＿のことばの読み方として最もよいものを一つえらびなさい。

1) 提出(ていしゅつ)する前に、もう一度答えを確認してください。

1 かくにん　2 たくにん　3 かくいん　4 たくいん

2) 疲れて、気持ちが悪くなった。

1 おくれて　2 つかれて　3 ぬれて　4 よごれて

3) 自分が間違(まちが)っていることを認めた。

1 たしかめた　2 まとめた　3 みとめた　4 やめた

5 ＿＿＿のことばを漢字で書くとき、最もよいものを一つえらびなさい。

1) 赤ちゃんがベッドでねむっている。

1 寝って　2 眠って　3 眼って　4 定って

2) かこの歴史(れきし)からいろいろなことを知ることができる。

1 過去　2 週去　3 近去　4 通去

2회 生活(せいかつ) (2) 家(いえ)をきれいにする

생활 (2) 집을 깨끗이 하다

주요 어휘 83p

やってみよう　正しいほうをえらびなさい。

1) 雨が降(ふ)って、バケツに水が（　たまって　ためて　）いた。

2) チーズとハムを（　重(かさ)なって　重(かさ)ねて　）、パンにはさんだ。

3) 家の前に止まっている車を（　動いて　動かして　）ください。

1　(　　　)に入れるのに最もよいものを、一つえらびなさい。

1) ここにある本を（　　　）整理(せいり)して、本棚(ほんだな)に並(なら)べてください。

1　きちんと　　2　しばらく　　3　すっきり　　4　ぐっすりと

2) 牛乳(ぎゅうにゅう)を（　　　）ようにゆっくり飲みなさい。

1　おとさない　　2　ためない　　3　こぼさない　　4　まぜない

3) 同じお皿(さら)はここに（　　　）、置(お)いておいてください。

1　植えて　　2　重(かさ)ねて　　3　座(すわ)って　　4　のって

4) 手が（　　　）ので、あの本を取(と)ってください。

1　さわらない　　2　届(とど)かない　　3　通らない　　4　登(のぼ)らない

5) 古い新聞と雑誌(ざっし)をひもで（　　　）捨てる。

1　かさねて　　2　しばって　　3　ためて　　4　ぬいて

2　＿＿＿＿に意味が最も近いものを、一つえらびなさい。

1) 帰る前に、机(つくえ)の上をきれいに整理(せいり)した。

1　かたづけた　　2　そうじした　　3　ふいた　　4　ならべた

2) この部屋(へや)にあるごみをまとめて、捨ててください。

1　まっすぐにして　　2　ひとつにして　　3　ひろって　　4　わけて

3 つぎのことばの使い方として最もよいものを、一つえらびなさい。

1) 抜(ぬ)く

1 仕事が終わったので、ネクタイを抜(ぬ)いた。

2 休みの日に、伸(の)びた草(くさ)を抜(ぬ)いたら、庭(にわ)がすっきりした。

3 木から抜(ぬ)いたりんごを食べたら、とてもおいしかった。

4 棚(たな)からフォークを抜(ぬ)いて、テーブルに並(なら)べてください。

2) 分類(ぶんるい)

1 テストの点(てん)がいい学生から順(じゅん)に分類(ぶんるい)して、クラスを決(き)めた。

2 二つの町を分類(ぶんるい)しているのは、この大きい川です。

3 ここにある紙を色で分類(ぶんるい)して、まとめておいてください。

4 ケーキを同じ大きさに分類(ぶんるい)して切るのは難(むずか)しい。

4 ＿＿＿のことばの読み方として最もよいものを一つえらびなさい。

1) 床をきれいに掃除(そうじ)した。

1 かべ　　2 たな　　3 にわ　　4 ゆか

2) 昨日(きのう)と同じ場所で会いましょう。

1 ばしょう　　2 ばしょ　　3 ばあしゅう　　4 ばしゅ

3) 子どもたちと、花を植えた。

1 うえた　　2 おぼえた　　3 かぞえた　　4 くわえた

5 ＿＿＿のことばを漢字で書くとき、最もよいものを一つえらびなさい。

1) この本をすててください。

1 使てて　　2 拾てて　　3 借てて　　4 捨てて

2) 結婚(けっこん)したら、温(あたた)かいかていを作りたい。

1 家庭　　2 家店　　3 家床　　4 家底

3회 生活(せいかつ)(3) 料理(りょうり)・洗濯(せんたく)

생활 (3) 요리 · 세탁

주요 어휘 84p

1 **(　　　) に入れるのに最もよいものを、一つえらびなさい。**

1) ワインをこぼしてしまって、白い服に（　　　　）をつけてしまった。

1　あじ　　2　けが　　3　しみ　　4　てん

2) 卵(たまご)と砂糖(さとう)をよく（　　　　）、バターを少しずつ入れてください。

1　集めたら　　2　かき混(ま)ぜたら　　3　はさんだら　　4　注いだら

3) 靴(くつ)が汚れたので、きれいに（　　　　）。

1　しまった　　2　ほした　　3　まとめた　　4　みがいた

4) このコーヒー豆はインドネシア（　　　　）です。

1　作　　2　産　　3　生　　4　品

5) 洗濯物(せんたくもの)を（　　　　）けど、雨なのでなかなか乾(かわ)かない。

1　かけた　　2　ふいた　　3　ほした　　4　とれた

2 **＿＿＿に意味が最も近いものを、一つえらびなさい。**

1) いつも母といっしょに食事の支度(したく)をしている。

1　買い物　　2　準備(じゅんび)　　3　整理(せいり)　　4　注文

2) 帰る前に、机(つくえ)の上にある物をしまっておいてください。

1　おいて　　2　かたづけて　　3　くわえて　　4　なくして

3 **つぎのことばの使い方として最もよいものを、一つえらびなさい。**

1) 量(はか)る

1　毎日、使ったお金をノートに書いて、量(はか)っている。

2　ケーキを作るときは、きちんと小麦粉(こむぎこ)を量(はか)ってください。

3　結婚式(けっこんしき)に誰(だれ)を招待(しょうたい)するか、二人で量(はか)っている。

4　テストで正しく答えられた問題を量(はか)ったら、8つだった。

2) 沸騰

1 スープが沸騰する前に、火を止めてください。

2 今日は気温が沸騰していて、とても暑い。

3 風邪をひいたようで、熱が沸騰してきた。

4 人気歌手のコンサートでみんなとても沸騰している。

4 ＿＿＿のことばの読み方として最もよいものを一つえらびなさい。

1) この豆のスープはおいしいので、よく作ります。

1 こめ　2 さかな　3 にく　4 まめ

2) 塩を加えると、もっとおいしくなります。

1 かえる　2 くわえる　3 つかえる　4 むかえる

3) ここは汚いので、となりの部屋に行きませんか。

1 うるさい　2 きたない　3 くらい　4 せまい

4) 玄関に傘を干した。

1 おとした　2 さした　3 ほした　4 かえした

5 ＿＿＿のことばを漢字で書くとき、最もよいものを一つえらびなさい。

1) うちの猫が子猫を3匹うんだ。

1 産んだ　2 育んだ　3 出んだ　4 始んだ

2) 電車がこんでいて、座ることができなかった。

1 混んで　2 乗んで　3 運んで　4 過んで

3) 手についたよごれがなかなか落ちない。

1 所れ　2 汚れ　3 届れ　4 疲れ

4) 今日の勉強会にさんかした人は、少なかった。

1 参切　2 参回　3 参加　4 参家

4회 文化
문화

주요 어휘 85p

やってみよう　正しいほうをえらびなさい。

1)　そのイベントは（　延期　中止　）になり、来月行われる。

2)　山の上から（　すばらしい　立派な　）景色を見た。

1　（　　　）に入れるのに最もよいものを、一つえらびなさい。

1)　この小説に（　　　　）する女性のようになりたい。

1　参加　　2　出席　　3　登場　　4　共通

2)　日本の文化や（　　　　）にとても興味がある。

1　演奏　　2　芸術　　3　世界　　4　才能

3)　あれは 70 年前に（　　　　）された歴史のある美術館だ。

1　計画　　2　建築　　3　生産　　4　準備

4)　毎年、国際交流の（　　　　）に参加している。

1　イベント　　2　チャンス　　3　タイプ　　4　ピアノ

5)　あの歌手は、歌だけではなく、ピアノの（　　　　）も上手だ。

1　演奏　　2　活動　　3　技術　　4　進行

2　＿＿＿に意味が最も近いものを、一つえらびなさい。

1)　将来、<u>作家</u>になりたいと思っています。

1　家を作る人　　2　ピアノをひく人

3　小説を書く人　　4　料理を作る人

2)　田中さんのスピーチは、本当に<u>立派だった</u>。

1　たのしかった　　2　うれしかった

3　おもしろかった　　4　すばらしかった

3 つぎのことばの使い方として最もよいものを、一つえらびなさい。

1) 延期

1 雨のため、今日の試合はあしたに延期します。

2 この図書館は、金曜日は午後９時まで開館時間を延期する。

3 試験前なので、勉強する時間を 10 時まで延期した。

4 頭が痛かったので、学校に行く時間を延期しました。

2) 満員

1 パーティー会場にいる満員の人が楽しそうに話している。

2 休みの日になると、この公園は親子で満員になる。

3 映画館は満員で、見たかった映画が見られなかった。

4 デパートは買い物する満員のお客さんで混んでいる。

4 ＿＿＿のことばの読み方として最もよいものを一つえらびなさい。

1) わたしたちには共通の趣味があるので、話が合う。

1 きょうつ　　2 きょつう　　3 きょうつう　　4 きょつ

2) コンサート会場は観客でいっぱいになっている。

1 かんかく　　2 かんきゃく　　3 けんかく　　4 けんきゃく

3) 山を登ると、美しい景色を見ることができる。

1 あがる　　2 おりる　　3 さがる　　4 のぼる

5 ＿＿＿のことばを漢字で書くとき、最もよいものを一つえらびなさい。

1) 仕事は予定通りにすすんでいる。

1 道んで　　2 進んで　　3 通んで　　4 遠んで

2) 人気のある歌手がとうじょうしたので、みんなとても喜んだ。

1 登上　　2 発上　　3 発場　　4 登場

5회 自然(しぜん)
자연

주요 어휘 86p

1 （　　　）に入れるのに最もよいものを、一つえらびなさい。

1) 紙のごみの中に（　　　）いるプラスチックのごみを取(と)ってください。

1 こぼして　2 ういて　3 しまって　4 まざって

2) （　　　）が多いところで子どもを育(そだ)てたい。

1 自然(しぜん)　2 社会　3 地球(ちきゅう)　4 天気

3) クーラーが故障(こしょう)したのか、（　　　）が変(か)えられない。

1 温度(おんど)　2 気温　3 様子　4 景色(けしき)

4) 人間は毎日たくさんの（　　　）を使っている。

1 イベント　2 エネルギー　3 コミュニケーション　4 ニュース

5) 太陽(たいよう)が（　　　）、周(まわ)りが暗くなった。

1 落(お)ちて　2 下りて　3 消(き)えて　4 沈(しず)んで

2 ＿＿＿に意味が最も近いものを、一つえらびなさい。

1) 窓(まど)から見える海がかがやいている。

1 うごいて　2 ながれて　3 ひかって　4 ゆれて

2) 部屋(へや)の中では洗濯物(せんたくもの)がなかなか乾燥(かんそう)しない。

1 あらえない　2 かわかない　3 ほせない　4 よごれない

3 つぎのことばの使い方として最もよいものを、一つえらびなさい。

1) 発生

1 ここは有名な温泉(おんせん)が発生しているので、絶対(ぜったい)入りたい。

2 地震(じしん)が発生したら、火はすぐに消(け)してください。

3 夏になると、庭(にわ)に草(くさ)がたくさん発生する。

4 みんなで考えたら、いいアイディアが発生した。

2) 枯(か)れる

1　冷蔵庫(れいぞうこ)に入れなかったので、野菜が<u>枯(か)れて</u>しまった。

2　何年も着ていたので、白いシャツが<u>枯(か)れて</u>しまった。

3　頭が<u>枯(か)れて</u>しまったので、レポートを書くのをやめた。

4　庭(にわ)の木が<u>枯(か)れて</u>しまったので、切ることにした。

4　＿＿＿**のことばの読み方として最もよいものを一つえらびなさい。**

1) 別の部屋(へや)にいる赤ちゃんの<u>様子</u>をカメラで見る。

1　よす　　2　よおし　　3　よし　　4　ようす

2) この川の水は山から<u>流れて</u>きていて、とてもきれいだ。

1　うまれて　　2　ながれて　　3　ゆれて　　4　わかれて

3) こんなに<u>美しい</u>人を見たことがない。

1　うつくしい　　2　かなしい　　3　きびしい　　4　すばらしい

4) 東の空に<u>星</u>が見える。

1　くも　　2　つき　　3　ひ　　4　ほし

5　＿＿＿**のことばを漢字で書くとき、最もよいものを一つえらびなさい。**

1) 今日は風が強いので、<u>なみ</u>が高い。

1　洋　　2　波　　3　池　　4　流

2) 午後になったら、<u>きおん</u>が上がって暑くなった。

1　気混　　2　気湿　　3　気湯　　4　気温

3) 体が水に<u>ういたら</u>、次(つぎ)は手と足を動かしてみよう。

1　浮いた　　2　届いた　　3　通いた　　4　登いた

4) 昔(むかし)、ゆう子(こ)さんのお母さんは<u>びじん</u>で有名だった。

1　真人　　2　業人　　3　美人　　4　集人

6회 健康(けんこう) 건강

주요 어휘 87p

1 （　　　）に入れるのに最もよいものを、一つえらびなさい。

1) 冬になると、インフルエンザの（　　　）が増(ふ)えてくる。

1 患者(かんじゃ)　2 傷(きず)　3 病気　4 熱(ねつ)

2) 寒いと思って、（　　　）をはかったら、38 度もあった。

1 温度(おんど)　2 気温(きおん)　3 室温(しつおん)　4 体温(たいおん)

3) 本を読むときは、（　　　）をよくしないと、目が悪くなる。

1 姿勢(しせい)　2 様子(ようす)　3 健康　4 調子(ちょうし)

4) 朝から何も食べていないので、（　　　）する。

1 のんびり　2 しっかり　3 どきどき　4 ふらふら

5) （　　　）は成功(せいこう)して、来週には退院(たいいん)できる。

1 回復(かいふく)　2 手術(しゅじゅつ)　3 整理(せいり)　4 入院

2 ＿＿＿に意味が最も近いものを、一つえらびなさい。

1) 何度練習(れんしゅう)しても上手にできなくて、<u>泣(な)いた</u>。

1 涙(なみだ)を流(なが)した　2 汗を流(なが)した　3 水を流(なが)した　4 血(ち)を流(なが)した

2) 子どもが<u>成長する</u>様子(ようす)を見るのが楽しみだ。

1 遊(あそ)ぶ　2 おどる　3 育つ　4 伸(の)びる

3 つぎのことばの使い方として最もよいものを、一つえらびなさい。

1) 回復(かいふく)

1 調子(ちょうし)が悪いコンピューターの部品(ぶひん)を交換(こうかん)したら、<u>回復(かいふく)</u>した。

2 薬を飲んで、休んでいたら、少しずつ<u>回復(かいふく)</u>してきた。

3 地震(じしん)の後、町を<u>回復(かいふく)</u>するために、みんなで協力(きょうりょく)した。

4 缶(かん)やビンを<u>回復(かいふく)</u>するので、分けておいてください。

2) 伸(の)びる

1　夜になって、熱(ねつ)がどんどん伸(の)びていき、とうとう39度になった。

2　みんなに反対(はんたい)されて、やりたい気持ちが伸(の)びてしまった。

3　小さいグループでしていたボランティア活動(かつどう)が日本中に伸(の)びていった。

4　髪(かみ)がずいぶん伸(の)びたので、美容院(びよういん)に切りに行こうと思っている。

4 ＿＿＿のことばの読み方として最もよいものを一つえらびなさい。

1) 会社をもっと大きく成長させるのがわたしの夢(ゆめ)だ。

1　せいちょう　　2　せちょう　　3　せいちゅう　　4　せちゅう

2) 命を大切にしよう。

1　いのち　　2　おや　　3　みどり　　4　もり

3) 子どもにはいい教育を受(う)けさせたい。

1　きょうえく　　2　きょえく　　3　きょういく　　4　きょいく

4) 昨日(きのう)からずっと頭痛がしている。

1　ずつう　　2　づづう　　3　ずうつ　　4　づうつ

5) 子どもが元気に育っている。

1　うたって　　2　そだって　　3　のって　　4　はしって

5 ＿＿＿のことばを漢字で書くとき、最もよいものを一つえらびなさい。

1) けんこうのためにジョギングをしている。

1　建康　　2　建庫　　3　健康　　4　健庫

2) 座(すわ)っていたら、足のいたみがなくなってきた。

1　病み　　2　疲み　　3　痛み　　4　療み

3) あせがたくさん出てきた。

1　汗　　2　汚　　3　注　　4　汁

7회 人との関係(1) 知り合う

사람과의 관계 (1) 서로 알게 되다

주요 어휘 88p

やってみよう　正しいほうをえらびなさい。

1) 山中さんがサッカー（　仲間　友達　）に入った。

2) 田中さんに会ったとき、優しそうだという（　態度　印象　）を持った。

3) 駅で高校のときの友人と（　出会った　知り合った　）。

4) あした、インターネットで（　出会った　知り合った　）人と会う。

1　（　　　）に入れるのに最もよいものを、一つえらびなさい。

1) 奨学金の説明会には、申し込んだ（　　　）が必ず出席してください。

1 仲間　2 友達　3 他人　4 本人

2) 山田さんをパーティーに（　　　）けれど、いい返事はもらえなかった。

1 くわえた　2 さそった　3 そだった　4 あわせた

3) 外で音がしたのでドアを開けたが、誰の（　　　）も見えなかった。

1 体　2 形　3 姿　4 物

4) 何か言いたいことがあったら、（　　　）わたしに言ってください。

1 直接　2 けっこう　3 ずっと　4 特別

5) イベントに参加する人（　　　）が集まりましたか。

1 両方　2 大人　3 全員　4 仲間

2　＿＿＿に意味が最も近いものを、一つえらびなさい。

1) わたしたちが結婚していることは<u>秘密にしている</u>。

1 誰にも話していない　2 誰かが知っている

3 みんなに話している　4 みんな知っている

2) 彼女は魅力があるので、みんな彼女が大好きだ。

1 明るい　　2 やさしい　　3 きれいな　　4 すてきな

3 つぎのことばの使い方として最もよいものを、一つえらびなさい。

1) お互い

1 子どものときからお互いのことをよく知っている。

2 駅の前にあるお互いの会社の社長は同じ人だ。

3 転んだときにお互いの足をけがして、痛い。

4 人はみんなお互いの考え方を持っている。

2) 態度

1 最近、このパソコンの態度が悪くて、困っている。

2 薬を飲んだら、だいぶ態度がよくなってきた。

3 木村さんが着ているコートは、とても態度がいい。

4 店員の態度がとても失礼で、嫌な気分だ。

4 ＿＿＿のことばの読み方として最もよいものを一つえらびなさい。

1) 好きな人に直接手紙を渡そうと思っている。

1 ちょうせつ　　2 ちょせつ　　3 ちょくせつ　　4 ちょぐせつ

2) もう一度確認したい言葉に赤い印をつけた。

1 せん　　2 しるし　　3 ところ　　4 まる

3) 他に何か必要な物があれば、言ってください。

1 つぎ　　2 べつ　　3 ほか　　4 さき

4) 最初、怖そうな印象を受けたが、そうではなかった。

1 いっしょう　　2 いしょう　　3 いいしょう　　4 いんしょう

5) 間違っている漢字を直した。

1 だした　　2 けした　　3 さがした　　4 なおした

8회 人との関係(2) 付き合う

사람과의 관계 (2) 교제하다

주요 어휘 89p

1 **(　　　) に入れるのに最もよいものを、一つえらびなさい。**

1) いつもわたしを助けてくれるので、両親にとても（　　　　）している。

1　安心　　2　感謝　　3　確認　　4　自慢

2) わたしは兄と顔は似ているが、（　　　　）はぜんぜん違う。

1　気分　　2　性格　　3　関係　　4　具合

3) 服を買いたいという友人に（　　　　）、デパートに買い物に行った。

1　差し上げて　　2　取り替えて　　3　付き合って　　4　話し始めて

4) 最近、この歌手は（　　　　）が出てきて、テレビでよく見る。

1　興味　　2　才能　　3　立場　　4　人気

5) 田中さんは自分の飼っている猫がいちばんかわいいと（　　　　）する。

1　感謝　　2　自慢　　3　相談　　4　注意

2 **＿＿＿に意味が最も近いものを、一つえらびなさい。**

1) 親友にも言わないで、ずっと<u>内緒</u>にしていることがある。

1　じまん　　2　しゅみ　　3　ひみつ　　4　みりょく

2) アンケートを取るために、みんなが<u>協力して</u>くれた。

1　がんばって　　2　調べて　　3　手伝って　　4　まとめて

3 **つぎのことばの使い方として最もよいものを、一つえらびなさい。**

1) 立場

1　今、地球の<u>立場</u>を考えて、行動する必要がある。

2　大きい木がある<u>立場</u>まで、二人で走っていった。

3　山中さんは東京のどの<u>立場</u>に住んでいますか。

4　相手の<u>立場</u>になって、考えてみたほうがいい。

2) 交流

1 二つの川が交流して、一つの大きい川になっている。

2 インターネットで世界中の人と交流することができる。

3 このチケットを持っていって、品物と交流してください。

4 メンバー全員(ぜんいん)が集まって、それぞれの意見を交流した。

4 ＿＿＿のことばの読み方として最もよいものを一つえらびなさい。

1) 相手の顔を見て、話しましょう。

1 あいて　　2 あいで　　3 あえて　　4 あえで

2) 知らない人が助けてくれた。

1 あずけて　　2 たすけて　　3 とどけて　　4 みつけて

3) 留学生(りゅうがくせい)と交流するイベントに参加(さんか)した。

1 こうりゅ　　2 こりゅう　　3 こりゅ　　4 こうりゅう

4) グループ全員(ぜんいん)で協力した。

1 きょうりょく　　2 きょりょく　　3 こうりょく　　4 こりょく

5 ＿＿＿のことばを漢字で書くとき、最もよいものを一つえらびなさい。

1) このコンピューターのけってんを教えてください。

1 交点　　2 交店　　3 欠店　　4 欠点

2) 子どもたちの中に大人がまざって、遊(あそ)んでいる。

1 交ざって　　2 満ざって　　3 共ざって　　4 加ざって

3) 困(こま)ったことがあれば、わたしにいつでもそうだんしてください。

1 送談　　2 想談　　3 相談　　4 早談

4) タマネギは、カレーを作るときにかかせない野菜だ。

1 必かせない　　2 欠かせない　　3 加かせない　　4 過かせない

9회 気持ち (1) ネガティブな感情

기분 (1) 부정적인 감정

주요 어휘 90p

やってみよう 正しいほうをえらびなさい。

1) 初めて一人で暮らすので、少し（ 不安　不満 ）だ。

2) （ 不安　不満 ）があるのか、鈴木さんは怒った顔をしている。

3) 生活が苦しかったので、（ 苦労　努力 ）して、子どもを育てた。

1 （　　　）に入れるのに最もよいものを、一つえらびなさい。

1) 痛みをずっと（　　　）するより、薬を飲んだほうがいい。

1 我慢　　2 緊張　　3 苦労　　4 心配

2) （　　　）キャンプの準備をしたのに、雨で中止になってしまった。

1 いくら　　2 せっかく　　3 ずっと　　4 もちろん

3) いい製品だと思って買ったのに、すぐ壊れてしまい、（　　　）した。

1 ふらふら　　2 がっかり　　3 どきどき　　4 ゆっくり

4) 仕事の多さよりも人間関係のほうにストレスを（　　　）。

1 感じる　　2 取る　　3 する　　4 もらう

5) 子どものとき、なぜ人は年を取るのだろうと（　　　）に思った。

1 残念　　2 必死　　3 不思議　　4 不満

2 ＿＿＿に意味が最も近いものを、一つえらびなさい。

1) このあいだ、<u>おかしな</u>ことが起きたんだ。

1 うれしい　　2 楽しい　　3 変な　　4 きけんな

2) 高いビルから落ちていくという<u>恐ろしい</u>夢を見た。

1 苦しい　　2 怖い　　3 嫌な　　4 大変な

3 つぎのことばの使い方として最もよいものを、一つえらびなさい。

1) 不満

1　将来のことが不満で、どうすればいいのかわからない。

2　一生懸命勉強したのに、不満な点しか取れなかった。

3　何年も働いているのに、給料が上がらないことが不満だ。

4　能力が不満な上司の下で働くのは、とても苦労する。

2) 緊張

1　ロープを緊張させて、その木にしっかり結んでください。

2　スピーチでは声が緊張してしまって、うまく話せなかった。

3　就職の面接の前なので、みんな緊張した顔をしている。

4　両親に緊張して育てられたが、今はよかったと思っている。

4 ＿＿＿のことばの読み方として最もよいものを一つえらびなさい。

1) この野菜は苦いので、あまり好きではない。

1　あまい　　2　からい　　3　うすい　　4　にがい

2) 毎日努力した結果、サッカー選手になった。

1　どうりょく　　2　どりょく　　3　どうりょうく　　4　どりょうく

3) 父は苦労して、会社を作ったそうだ。

1　くうろ　　2　くろう　　3　くろ　　4　くうろう

5 ＿＿＿のことばを漢字で書くとき、最もよいものを一つえらびなさい。

1) こわい夢を見て、目が覚めた。

1　悪い　　2　痛い　　3　寒い　　4　怖い

2) ひっしに勉強して、行きたい大学に合格した。

1　必死　　2　心死　　3　必止　　4　心止

10회 気持ち(2) ポジティブな感情

기분 (2) 긍정적인 감정

주요 어휘 91p

やってみよう　正しいほうをえらびなさい。

1)　あしたのテストが（　気にして　気になって　）眠れません。

2)　あの人は背が高くて、とても（　目立ち　見つけ　）ますね。

3)　自分が悪いことをしたら、謝るのは（　偶然　当然　）です。

4)　そのかばん、デザインがとても（　すてき　高い　）ですね。

1　（　　　）に入れるのに最もよいものを、一つえらびなさい。

1)　彼は新しい仕事に（　　　　）しているそうです。

1　活動　　2　進行　　3　発生　　4　満足

2)　緊張していましたが、だんだん気持ちが（　　　　）きました。

1　落ち着いて　　2　どきどきして　　3　まとめて　　4　安くなって

3)　母は、わたしが将来いい会社に入ることを（　　　　）している。

1　期待　　2　感動　　3　注文　　4　予約

4)　彼は日本語を話すことに（　　　　）を持っている。

1　自信　　2　自慢　　3　心配　　4　満足

5)　妹は日本の着物に（　　　　）を持っている。

1　印象　　2　感動　　3　関心　　4　趣味

2　＿＿＿に意味が最も近いものを、一つえらびなさい。

1)　彼は日本に留学することを<u>真剣に</u>考えている。

1　大変に　　2　不安に　　3　楽に　　4　真面目に

2) 今日の試験は<u>意外に</u>簡単(かんたん)だった。

1 今まででいちばん　　2 思っていたとおり

3 思っていたのとは違(ちが)って　　4 他(ほか)の試験よりも

3 つぎのことばの使い方として最も よいものを、一つえらびなさい。

1) 楽

1 新しいアパートはとても<u>楽</u>なところにあります。

2 田中(たなか)さんは、ユーモアがあって、いつも笑顔(えがお)で、<u>楽</u>な人です。

3 今の仕事は大変(たいへん)でとても忙(いそが)しいので、もっと<u>楽</u>な仕事がしたいです。

4 久(ひさ)しぶりに友達(ともだち)に会って、とても<u>楽</u>な時間でした。

2) 意外

1 あの人はわたしの<u>意外</u>なタイプなので、友達(ともだち)になりたくありません。

2 事故(じこ)のニュースを聞いて、<u>意外</u>だったらいいのにと思いました。

3 テストは簡単(かんたん)だと思っていましたが、やってみたらやっぱり<u>意外</u>でした。

4 有名なレストランに行きましたが、<u>意外</u>に空(す)いていました。

4 ＿＿＿のことばの読み方として最も よいものを一つえらびなさい。

1) きれいな海の水で、おいしい<u>天然</u>の塩(しお)を作っています。

1 てぜん　　2 てんぜん　　3 てねん　　4 てんねん

2) 彼(かれ)のスピーチはみんなを<u>感動</u>させた。

1 かんど　　2 かんどう　　3 がんど　　4 がんどう

5 ＿＿＿のことばを漢字で書くとき、最も よいものを一つえらびなさい。

1) その問題はわたしには<u>かんけい</u>ないと思います。

1 問係　　2 間係　　3 開係　　4 関係

2) わたしはあなたが言ったことを<u>しんじて</u>います。

1 伸じて　　2 信じて　　3 使じて　　4 他じて

11회 学校

학교

주요 어휘 92p

1 （　　　）に入れるのに最もよいものを、一つえらびなさい。

1)　一生懸命勉強したら、（　　　　）が上がった。

1　合格　　2　成績　　3　指導　　4　理解

2)　うまくできなかったので、もう一度最初からやり（　　　　）ことにした。

1　終わる　　2　合う　　3　学ぶ　　4　直す

3)　弟は高校を卒業した後、大学に（　　　　）。

1　参加した　　2　出席した　　3　進学した　　4　勉強した

4)　いつか日本の会社で働くという（　　　　）を立てた。

1　将来　　2　目標　　3　夢　　4　予定

2 ＿＿＿に意味が最も近いものを、一つえらびなさい。

1)　先生の説明を聞いて、この言葉の<u>意味を理解しました</u>。

1　意味がわかりました　　2　意味を考えました

3　意味を調べました　　4　意味を説明しました

2)　失敗を<u>くりかえして</u>、やっと合格できた。

1　そのままにして　　2　直して　　3　何度もして　　4　身につけて

3 つぎのことばの使い方として最もよいものを、一つえらびなさい。

1)　間違う

1　いろいろな国へ行って、<u>間違う</u>文化を知りたいです。

2　その漢字の書き方、<u>間違って</u>いますよ。

3　先輩だと思って、声をかけたら、ぜんぜん<u>間違う</u>人でした。

4　わたしの意見はあなたの意見と<u>間違います</u>ね。

2) 提出

1 バスに乗っていたら、男の人が急に道に提出してきました。

2 宿題は、あしたまでに提出してください。

3 駅に着くとすぐに電車が駅を提出しました。

4 郵便局まで荷物を提出しに行ってきます。

4 ＿＿＿のことばの読み方として最もよいものを一つえらびなさい。

1) 最近、体の調子がよくない。

1 しょうし　2 ちょうし　3 ちゅうし　4 ひょうし

2) ここに身長と体重を書いてください。

1 しちょう　2 しんちょう　3 じんちょう　4 みちょう

3) この本は難しくて、理解できません。

1 りかい　2 りがい　3 りげ　4 りげい

4) わたしは将来、高校の英語の教師になりたいと思っています。

1 きょうし　2 きょうす　3 きゅうし　4 きゅうす

5 ＿＿＿のことばを漢字で書くとき、最もよいものを一つえらびなさい。

1) 先生に作文をしどうしていただいた。

1 仕導　2 身導　3 指導　4 師導

2) 次のJLPTは必ずN3にごうかくしたい。

1 合各　2 合格　3 合確　4 合客

3) 先週、友達にメールを出したが、まだへんじが来ない。

1 変事　2 返事　3 成事　4 帰事

4) わからない言葉があったら、辞書でしらべます。

1 調べ　2 認べ　3 語べ　4 試べ

12회 いろいろな問題

여러 가지 문제

주요 어휘 93p

1 （　　　）に入れるのに最もよいものを、一つえらびなさい。

1)　自分の失敗を人の（　　　　）にしてはいけません。

1　おかげ　　2　気　　3　せい　　4　わがまま

2)　彼女は、彼と結婚するかどうか、ずっと（　　　　）いる。

1　あきて　　2　あわてて　　3　決めて　　4　迷って

3)　お金がないので、進学を（　　　　）。

1　あきらめました　　2　試しました　　3　防ぎました　　4　破りました

4)　子どもが（　　　　）をしたので、叱りました。

1　いたずら　　2　親切　　3　迷惑　　4　わがまま

5)　みんなで相談して、夏休みの旅行先を海に（　　　　）。

1　あきました　　2　決めました　　3　悩みました　　4　迷いました

2 ＿＿＿に意味が最も近いものを、一つえらびなさい。

1)　事故を防ぐために、みんなで協力しましょう。

1　事故を起こさないようにする　　2　事故を解決する

3　事故を調査する　　4　事故を忘れる

2)　友達に漢字の勉強のしかたを聞きました。

1　結果　　2　方法　　3　目標　　4　問題

3 つぎのことばの使い方として最もよいものを、一つえらびなさい。

1)　解決

1　辞書で調べて、この言葉の意味を解決しました。

2　みんなが助けてくれたので、その問題はもう解決しました。

3　テストは難(むずか)しくて、<u>解決(かいけつ)</u>できませんでした。

4　いろいろ考えましたが、国へ帰ることに<u>解決(かいけつ)</u>しました。

2)　破る

1　暑いので、ぼうしを<u>破った</u>ほうがいいですよ。

2　そのコップは<u>破れて</u>いますから、気をつけてください。

3　彼女(かのじょ)はその手紙を読むと、<u>破りました</u>。

4　髪(かみ)が伸(の)びたので、短く<u>破りました</u>。

4　**＿＿＿のことばの読み方として最もよいものを一つえらびなさい。**

1)　そこに車を止めたら、歩く人に<u>迷惑</u>ですよ。

1　みいわく　　2　みわく　　3　めいわく　　4　めわく

2)　買ったものを入れたら、袋(ふくろ)が<u>破れました</u>。

1　きれました　　2　こわれました　　3　やぶれました　　4　われました

3)　このあいだのテストの<u>結果</u>はどうでしたか。

1　けいか　　2　けか　　3　けつか　　4　けっか

5　**＿＿＿のことばを漢字で書くとき、最もよいものを一つえらびなさい。**

1)　仕事がうまくいかなくて、<u>なやんで</u>います。

1　迷んで　　2　悩んで　　3　労んで　　4　怖んで

2)　旅行に行く日が<u>きまりました</u>。

1　結まりました　　2　決まりました　　3　確まりました　　4　満まりました

3)　この子はまだ小さいので、自分で靴(くつ)のひもを<u>むすぶ</u>ことができません。

1　結ぶ　　2　交ぶ　　3　集ぶ　　4　接ぶ

4)　一人で知らない町を歩いていたら、道に<u>まよって</u>しまいました。

1　通って　　2　迷って　　3　過って　　4　送って

13회 お金
돈

주요 어휘 94p

やってみよう　正しいほうをえらびなさい。

1) 引っ越しの（　値段　費用　）は、50万円ぐらいかかった。

2) ガソリンの（　価格　現金　）が上がった。

3) この会社は（　金額　給料　）が安すぎるので、もう辞めたい。

4) カードではなく、（　現金　税金　）で支払った。

1　（　　　）に入れるのに最もよいものを、一つえらびなさい。

1) このアパートの（　　　　）は、1か月7万円です。

1　貯金　　2　番号　　3　税金　　4　家賃

2) 今日は（　　　　）が入ったので、家族にケーキを買った。

1　給料　　2　金額　　3　合計　　4　費用

3) 今月の電気の（　　　　）は、1万円だった。

1　給料　　2　現金　　3　貯金　　4　料金

4) 食事にかかったお金は、（　　　　）5,500円です。

1　計算　　2　合計　　3　計画　　4　時計

5) 雨が降らないので、野菜の（　　　　）が上がっている。

1　値段　　2　給料　　3　販売　　4　料理

2　＿＿＿に意味が最も近いものを、一つえらびなさい。

1) 最近、お金を節約している。

1　使わないようにしている　　2　あげないようにしている

3　持つようにしている　　4　もらうようにしている

2) 50万円貯金(ちょきん)した。

1 あげた　2 かりた　3 ためた　4 もらった

3 つぎのことばの使い方として最もよいものを、一つえらびなさい。

1) 品物

1 今朝乗っていた電車の中に、品物をしてしまった。

2 この料理には、どんな品物が入っているんですか。

3 あのスーパーは新しくてきれいだが、品物がよくない。

4 結婚式(けっこんしき)のドレスは買ったものではなく、品物です。

2) 支払う

1 大学の授業料(じゅぎょうりょう)は、今週、1年分まとめて支払うつもりだ。

2 お金が足りなかったので、銀行でお金を支払うことにした。

3 誰(だれ)にも気がつかれないように、周(まわ)りに注意を支払った。

4 父は誕生日(たんじょうび)のプレゼントとして、兄に現金(げんきん)で1万円支払った。

4 ＿＿＿のことばの読み方として最もよいものを一つえらびなさい。

1) 今年から、税金が上がった。

1 ぜいきん　2 ぜいぎん　3 せっきん　4 ぜっきん

2) できれば、給料がいい会社で働きたい。

1 きゅうりょ　2 きゅうりょう　3 きゅりょ　4 きゅりょう

5 ＿＿＿のことばを漢字で書くとき、最もよいものを一つえらびなさい。

1) この町は物の値段(ねだん)が安いので、せいかつひが安くすむ。

1 生活代　2 生活料　3 生活費　4 生活金

2) 車の修理(しゅうり)に5万円はらった。

1 売った　2 破った　3 用った　4 払った

14회 旅行(りょこう)・交通(こうつう)

여행 · 교통

주요 어휘 95p

やってみよう　正しいほうをえらびなさい。

1) 電車が駅に（　出発　到着(とうちゃく)　）しました。

2) 時間がないので、（　急いで　のんびり　）行きましょう。

3) この電車は、特急（　券(けん)　費(ひ)　）が必要(ひつよう)です。

4) あの人が投(な)げるボールは（　早い　速(はや)い　）です。

1　（　　　）に入れるのに最もよいものを、一つえらびなさい。

1) 空港(くうこう)へ友達(ともだち)を（　　　　）に行きました。

1　取り消し　　2　届(とど)け　　3　眺(なが)め　　4　見送り

2) 「駐車(ちゅうしゃ)（　　　　）」はここに車を止めてはいけないという意味です。

1　禁止　　2　中止　　3　混雑(こんざつ)　　4　無理(むり)

3) 山の上からきれいな景色(けしき)を（　　　　）。

1　観光(かんこう)しました　　2　感動(かんどう)しました　　3　眺(なが)めました　　4　見えました

4) 友達(ともだち)を車に（　　　　）、いっしょにドライブに出かけました。

1　入れて　　2　連(つ)れて　　3　乗って　　4　乗せて

5) うちから駅まで自転車で（　　　　）しています。

1　移動(いどう)　　2　運転　　3　進行　　4　到着(とうちゃく)

2　＿＿＿＿に意味が最も近いものを、一つえらびなさい。

1) 車が来ないかどうか確認(かくにん)してから、道を横断する。

1　通る　　2　曲(ま)がる　　3　まっすぐ行く　　4　渡(わた)る

2) 昨日（きのう）は大きなイベントがあったので、町は<u>混雑（こんざつ）していました</u>。

1 危（あぶ）なかったです　　2 うるさかったです

3 汚（きたな）かったです　　4 人が多かったです

3 つぎのことばの使い方として最もよいものを、一つえらびなさい。

1) 取（と）り消（け）す

1 大雨で、今日のサッカーの試合は<u>取（と）り消（け）しました</u>。

2 できることなら、悲（かな）しい思い出をすべて<u>取（と）り消（け）したい</u>。

3 誰（だれ）もいないので、部屋（へや）の電気を<u>取（と）り消（け）しました</u>。

4 都合が悪くなったので、レストランの予約（よやく）を<u>取（と）り消（け）しました</u>。

2) 道路

1 駅まで行きたいんですが、<u>道路</u>を教えてください。

2 道を歩いているとき、目の前で<u>道路</u>事故（じこ）が起きて、びっくりしました。

3 事故（じこ）があったので、この先は<u>道路</u>ができません。

4 <u>道路</u>を渡（わた）るときは、車に気をつけてください。

4 ＿＿＿のことばの読み方として最もよいものを一つえらびなさい。

1) わたしは車で<u>通勤</u>しています。

1 つうかん　　2 つうきん　　3 つうじん　　4 つうちん

2) この道は<u>横断禁止</u>ですから、渡（わた）らないでください。

1 おうだんきんし　　2 おうだんぎんし

3 おだんきんし　　4 おだんぎんし

5 ＿＿＿のことばを漢字で書くとき、最もよいものを一つえらびなさい。

1) 彼（かれ）はいつもとなりの駅から電車に<u>のって</u>きます。

1 到って　　2 乗って　　3 上って　　4 登って

2) あの<u>どうろ</u>は工事中で、通れません。

1 土道　　2 通路　　3 道路　　4 歩道

15회 仕事(1) 就職する

일(1) 취직하다

주요 어휘 96p

やってみよう　正しいほうをえらびなさい。

1) 卒業したら、どんな（　就職　職業　）に就きたいですか。

2) 父は（　企業　職業　）に勤めています。

3) 駅前に新しくできたスーパーのアルバイトに（　応募　募集　）しました。

4) しめ切りまでに（　面接　申込書　）を出してください。

5) この町は工業が（　発生　発展　）している。

1 （　　　）に入れるのに最もよいものを、一つえらびなさい。

1) となりの町の工場では夜遅い時間に働ける人を（　　　）しています。

1 就職　　2 職業　　3 産業　　4 募集

2) この国は（　　　）が盛んで、外国に野菜や果物を輸出しています。

1 企業　　2 工業　　3 職業　　4 農業

3) 彼は仕事で（　　　）して、会社を大きくした。

1 合格　　2 就職　　3 成功　　4 発展

4) 面接で、日本に来た（　　　）について聞かれました。

1 関心　　2 魅力　　3 目的　　4 目標

5) 会議室を使いたいときは、事務室に（　　　）ください。

1 片付けて　　2 知り合って　　3 立ち止まって　　4 申し込んで

2 ＿＿＿に意味が最も近いものを、一つえらびなさい。

1) 名前と住所を<u>記入しました</u>。

1 教えました　　2 覚えました　　3 書きました　　4 聞きました

2) 有名で、給料(きゅうりょう)がいい<u>企業(きぎょう)</u>で働きたいです。

1 会社　　2 職業(しょくぎょう)　　3 仕事　　4 社員

3 つぎのことばの使い方として最もよいものを、一つえらびなさい。

1) 訓練

1 健康(けんこう)のために、わたしは毎日1時間<u>訓練</u>しています。

2 この犬は警察犬(けいさつけん)になるために<u>訓練</u>されました。

3 わたしは毎日たくさん漢字を書いて、<u>訓練</u>します。

4 何か問題が起きたら、部長(ぶちょう)に<u>訓練</u>します。

2) 発展(はってん)

1 彼(かれ)は日本の会社に就職(しゅうしょく)してから、日本語がとても<u>発展(はってん)</u>しました。

2 あの社員は10年前に比べてとても<u>発展(はってん)</u>しました。

3 町の経済(けいざい)が<u>発展(はってん)</u>して、高いビルが増(ふ)えました。

4 仕事中に、地震が<u>発展(はってん)</u>して、怖(こわ)かったです。

4 ＿＿＿のことばの読み方として最もよいものを一つえらびなさい。

1) コンテストの参加者(さんかしゃ)を<u>募集</u>しています。

1 ほうしゅう　　2 ほしゅう　　3 ぼうしゅう　　4 ぼしゅう

2) 漢字には音読みと<u>訓読み</u>があります。

1 かんよみ　　2 きんよみ　　3 くんよみ　　4 せんよみ

5 ＿＿＿のことばを漢字で書くとき、最もよいものを一つえらびなさい。

1) 将来(しょうらい)、どんな仕事に<u>つきたい</u>ですか。

1 職きたい　　2 就きたい　　3 仕きたい　　4 勤きたい

2) 毎日、面接(めんせつ)の<u>れんしゅう</u>をしています。

1 研習　　2 練習　　3 訓習　　4 運習

16회 仕事 (2) 工場

일 (2) 공장

주요 어휘 97p

やってみよう　正しいほうをえらびなさい。

1) みんなで協力して作業を（　進みます　進めます　）。

2) 近所の店で電気（　製品　品物　）を買います。

3) 部屋が暑いので、エアコンの温度を（　修理　調節　）します。

4) この仕事の（　手段　担当　）は誰ですか。

5) 先月、新しいビルが（　完成　作業　）しました。

1　（　　　）に入れるのに最もよいものを、一つえらびなさい。

1) このパソコンは日本（　　　）です。

1　物　　2　産　　3　製　　4　用

2) 科学技術が（　　　）して、生活が便利になりました。

1　出発　　2　進行　　3　進歩　　4　成長

3) 壊れた機械を（　　　）してもらいました。

1　完成　　2　作業　　3　修理　　4　指示

4) みんな集まったら、（　　　）を始めましょう。

1　作業　　2　手段　　3　担当　　4　方法

5) ごみを（　　　）するのにも、お金がかかります。

1　修理　　2　処理　　3　調節　　4　提出

2　＿＿＿に意味が最も近いものを、一つえらびなさい。

1) 来週のスケジュールを<u>確認します</u>。

1　おぼえます　　2　たしかめます　　3　まかせます　　4　もらいます

2) この工場ではさまざまな機械(きかい)を使用しています。

1 すてて　2 つかって　3 つくって　4 なおして

3 つぎのことばの使い方として最もよいものを、一つえらびなさい。

1) 特長

1 足が特長で、サイズの合う靴(くつ)がありません。

2 あの電車は特長なので、次(つぎ)の駅には止まりません。

3 この製品のいちばんの特長を教えてください。

4 この工場では特長の方法(ほうほう)で製品を作っています。

2) 調節(ちょうせつ)

1 やり方を間違(まちが)えたので、初(はじ)めから調節(ちょうせつ)しました。

2 よく聞こえないので、テレビの音を調節(ちょうせつ)しました。

3 机(つくえ)の引き出しの中の物が多いので、調節(ちょうせつ)しました。

4 旅行に行きたいので、生活費(せいかつひ)を調節(ちょうせつ)します。

4 ＿＿＿のことばの読み方として最もよいものを一つえらびなさい。

1) このごみを処理してください。

1 しゅり　2 しょうり　3 しょり　4 ちょうり

2) そこへ行くための移動(いどう)の手段は３つある。

1 しゅうたん　2 しゅたん　3 しゅだん　4 てだん

5 ＿＿＿のことばを漢字で書くとき、最もよいものを一つえらびなさい。

1) 会社の先輩(せんぱい)から仕事のしじを受(う)けました。

1 指時　2 指示　3 指持　4 指自

2) この工場ではいろいろなせいひんを作っています。

1 産品　2 生品　3 成品　4 製品

17회 仕事(しごと)(3) オフィス

일 (3) 오피스

주요 어휘 98p

やってみよう　正しいほうをえらびなさい。

1) あの店の（ 営業(えいぎょう)　経営 ）時間は、何時から何時までですか。

2) この仕事を5時までに（ 済(す)ませる　済(す)む ）つもりです。

3) この仕事を（ 引(ひ)き受(う)けて　受(う)け取(と)って ）くれませんか。

4) この問題は会社に（ 責任(せきにん)　手続(てつづ)き ）があります。

1　（　　　）に入れるのに最もよいものを、一つえらびなさい。

1) 父は社長で、会社を（　　　）しています。

1 営業(えいぎょう)　　2 経営　　3 就職(しゅうしょく)　　4 出張(しゅっちょう)

2) 1週間（　　　）を取(と)って、家族と旅行に行きます。

1 休暇(きゅうか)　　2 申請(しんせい)　　3 注文　　4 予約(よやく)

3) あさってから10日間、仕事で海外に（　　　）することになりました。

1 参加(さんか)　　2 就職(しゅうしょく)　　3 出張(しゅっちょう)　　4 通勤(つうきん)

4) 夏休みに海外旅行がしたいので、インターネットで（　　　）を集めます。

1 事務(じむ)　　2 情報(じょうほう)　　3 責任(せきにん)　　4 連絡(れんらく)

5) この店は朝10時から夜8時まで（　　　）しています。

1 営業(えいぎょう)　　2 申請(しんせい)　　3 経営　　4 進行

2　＿＿＿に意味が最も近いものを、一つえらびなさい。

1) 田中(たなか)さんは今<u>オフィス</u>にいます。

1 教室　　2 工場　　3 事務所(じむしょ)　　4 食堂

2) 彼はわたしの同僚です。

1 同じアパートの人　　2 同じ会社の人

3 同じ国の人　　4 同じ年の人

3 つぎのことばの使い方として最もよいものを、一つえらびなさい。

1) 遅刻

1 雨でバスの到着が30分も遅刻しました。

2 1時間も寝坊して、会議に遅刻しました。

3 この時計は壊れていて、いつも5分遅刻しています。

4 作業が遅刻してしまって、すみませんでした。

2) 書類

1 この書類に住所と名前を書いてください。

2 この店ではえんぴつや消しゴムなどの書類を売っています。

3 レポートを書くために、図書館で必要な書類を探しました。

4 本屋で経済の書類を2冊買いました。

4 ＿＿＿のことばの読み方として最もよいものを一つえらびなさい。

1) いつか自分の会社を経営したい。

1 けいえ　　2 けいえい　　3 けえ　　4 けえい

2) 彼女はこの問題を解決する能力があります。

1 のうりき　　2 のうりょく　　3 のりょうく　　4 のりょく

5 ＿＿＿のことばを漢字で書くとき、最もよいものを一つえらびなさい。

1) 彼女はこの会社ができてからずっと社長をつとめています。

1 任めて　　2 務めて　　3 就めて　　4 職めて

2) 約束の時間におくれないようにしてください。

1 遅れない　　2 過れない　　3 速れない　　4 迷れない

18회 どのぐらい？

어느 정도？

주요 어휘 99p

やってみよう　正しいほうをえらびなさい。

1) 給料が2（　量　倍　）になって、うれしいです。

2) 町の人口が10年前より（　占め　減り　）ました。

3) 学生の数がおととしより100人（　数えた　増えた　）。

4) 去年の夏の（　最近　最高　）気温は40度でした。

5) イベントの後で、（　大勢　大量　）のごみが出ました。

1　（　　　）に入れるのに最もよいものを、一つえらびなさい。

1) 今年の夏はいろいろなところに行けて、（　　　）に楽しかった。

1　最高　　2　全体　　3　大量　　4　部分

2) 留学生はこの学校の学生の20パーセントを（　　　）います。

1　数えて　　2　占めて　　3　取って　　4　持って

3) 町の人口が約半分に（　　　）。

1　そだちました　　2　のびました　　3　はかりました　　4　へりました

4) 20年前に比べて、企業の数が（　　　）になりました。

1　半　　2　倍　　3　約　　4　量

5) この地図を見れば、町（　　　）の様子がわかります。

1　合計　　2　全員　　3　全体　　4　平均

2　＿＿＿に意味が最も近いものを、一つえらびなさい。

1) お金が<u>あまった</u>ので、貯金しました。

1　なくなった　　2　足りた　　3　残った　　4　増えた

2) あの人は最低な人です。

1　小さい　　2　背が低い　　3　ひどい　　4　若い

3 つぎのことばの使い方として最もよいものを、一つえらびなさい。

1) 占める

1　うちから駅まで車で約 20 分占めます。

2　彼は車が好きで、3 台占めています。

3　いろいろなことが心配で、自分の将来を占めてもらいました。

4　社長の意見に反対する社員は全体の半分を占めています。

2) 程度

1　その木の高さは 3 メートル程度です。

2　この料理の塩の量は程度でいいです。

3　あの新しいビルは、夏程度には完成するでしょう。

4　毎朝、7 時程度に起きて、8 時に家を出ます。

4 ＿＿＿のことばの読み方として最もよいものを一つえらびなさい。

1) わたしたちの地球のために、ごみの量を減らしましょう。

1　かず　　2　かん　　3　ふくろ　　4　りょう

2) この町は人口が増加しています。

1　そうか　　2　そか　　3　ぞうか　　4　ぞか

5 ＿＿＿のことばを漢字で書くとき、最もよいものを一つえらびなさい。

1) 今ここに何人いるか、かぞえてください。

1　教えて　　2　数えて　　3　増えて　　4　考えて

2) この大学は毎年、学生がげんしょうしています。

1　落少　　2　減少　　3　混少　　4　流少

19회 場所

장소

주요 어휘 100p

やってみよう　正しいほうをえらびなさい。

1) 夕方になって、（ 辺り　近所 ）が暗くなってきました。

2) 飛行機の窓（ 側　向き ）の席を予約しました。

3) 駐車場はこのビルの（ 以下　地下 ）1階です。

4) いすの（ 向き　地方 ）を変えてください。

5) のどが痛くて、声が（ がらがら　どきどき ）です。

1 （　　　）に入れるのに最もよいものを、一つえらびなさい。

1) この（　　　）に郵便局はありませんか。

1 間　　2 辺り　　3 向き　　4 列

2) コンサートの席は前から2（　　　）目です。

1 回　　2 本　　3 列　　4 枚

3) 道に迷ったので、地図で駅の（　　　）を確認しました。

1 位置　　2 間隔　　3 地方　　4 都会

4) となりの人とできるだけ（　　　）を空けて座ってください。

1 辺り　　2 位置　　3 間隔　　4 部分

5) 休みの日は子どもといっしょに公園を（　　　）散歩します。

1 がらがら　　2 ぐっすり　　3 どきどき　　4 ぶらぶら

2 ＿＿＿に意味が最も近いものを、一つえらびなさい。

1) 昨日行ったレストランは<u>がらがらでした</u>。

1 うるさかったです　　2 きれいでした

3 こんでいました　　4 すいていました

2) いすとテーブルの位置を決(き)めました。

1 大きさ　　2 形　　3 高さ　　4 場所

3 つぎのことばの使い方として最もよいものを、一つえらびなさい。

1) 地方

1 A駅はこの道をまっすぐ行ったところにあるビルの南の地方にあります。

2 この地方の習慣(しゅうかん)を知らないので、教えてください。

3 銀行の地方がわからないんですが、教えていただけませんか。

4 その店はこの建物の地方の階(かい)にありますから、あの階段(かいだん)を下りてください。

2) うろうろ

1 危(あぶ)ないですから、バスの窓(まど)から手をうろうろしないでください。

2 昨日(きのう)の晩(ばん)から熱(ねつ)があって、頭がうろうろしています。

3 初(はじ)めての町で道がわからなくて、うろうろしました。

4 たくさんの人の前で話すのは、うろうろします。

4 ＿＿＿のことばの読み方として最もよいものを一つえらびなさい。

1) 日本の首都は東京(とうきょう)です。

1 しゅうと　　2 しゅうとう　　3 しゅと　　4 しゅど

2) 店の前の長い列に並(なら)びました。

1 りつ　　2 れい　　3 れつ　　4 れん

5 ＿＿＿のことばを漢字で書くとき、最もよいものを一つえらびなさい。

1) 顔を右にむけてください。

1 向けて　　2 示けて　　3 回けて　　4 合けて

2) スピーチコンテストで1いになりました。

1 首　　2 位　　3 点　　4 置

20회 時間(じかん)

시간

주요 어휘 101p

1 （　　　）に入れるのに最もよいものを、一つえらびなさい。

1) 5歳のとき、家が火事になったが、（　　　）のことはあまり覚(おぼ)えていない。

1 期間　　2 今後　　3 当時(とうじ)　　4 平日(へいじつ)

2) 学生の夏休みのように、（　　　）の休みが取(と)れたら何をしたいですか。

1 過去(かこ)　　2 現在　　3 最新　　4 長期(ちょうき)

3) だんだん空が明るくなって、夜が（　　　）きた。

1 明けて　　2 開いて　　3 終わって　　4 たって

4) わたしの仕事は、土日は休みですが、（　　　）はとても忙(いそが)しいです。

1 短期　　2 休日　　3 平日(へいじつ)　　4 未来

5) 失敗(しっぱい)しないように、（　　　）の計画をもう一度考えましょう。

1 当時(とうじ)　　2 今後　　3 最新　　4 過去(かこ)

2 ＿＿＿に意味が最も近いものを、一つえらびなさい。

1) 大切なテストがあったのに、当日(とうじつ)寝坊(ねぼう)してしまって受(う)けられなかった。

1 その間　　2 それから　　3 その日　　4 その後

2) 時間がたつのを忘(わす)れるぐらい、この本はおもしろいですよ。

1 変(か)わる　　2 終わる　　3 過(す)ぎる　　4 止まる

3 つぎのことばの使い方として最もよいものを、一つえらびなさい。

1) おしまい

1 もう9時なので、そろそろパーティーはおしまいにしましょう。

2 このゲームは人気があるので、どの店でもおしまいです。

3 このレポートはあしたがおしまいだから、早く書かなければいけない。

4 マラソン大会でおしまいになったのは、あの人です。

2) 時刻

1　友達と旅行する<u>時刻</u>は、月曜から１週間です。

2　昨日の夜はどのぐらいの<u>時刻</u>、勉強しましたか。

3　開会式が始まる<u>時刻</u>は、午後２時だそうです。

4　わたしは長い<u>時刻</u>、日本語の勉強を続けています。

4　**＿＿＿のことばの読み方として最もよいものを一つえらびなさい。**

1) もうすぐ仕事が始まる<u>時刻</u>です。

1　じかん　　2　じき　　3　じこく　　4　じこ

2) いつも<u>最新</u>のニュースをチェックしています。

1　さつしん　　2　さいしん　　3　ついしん　　4　たいしん

3) 彼は、授業が終わるころ<u>現れた</u>。

1　あらわれた　　2　おくれた　　3　つかれた　　4　よばれた

4) 夏休みの<u>期間</u>は、どこのプールも混んでいます。

1　きかん　　2　きゅうか　　3　じかん　　4　きせつ

5　**＿＿＿のことばを漢字で書くとき、最もよいものを一つえらびなさい。**

1) 決められた時間より<u>みじかい</u>時間で、仕事が終わりました。

1　短い　　2　知い　　3　速い　　4　豆い

2) 母はずっと病気でしたが、<u>げんざい</u>はよくなりました。

1　今在　　2　減在　　3　現在　　4　観在

3) 夏休みに、<u>たんき</u>のアルバイトをやってみるつもりだ。

1　短来　　2　短期　　3　短記　　4　短気

4) この国の<u>みらい</u>を作るのは、今の子どもたちだ。

1　美来　　2　未来　　3　味来　　4　見来

21회 動詞 (1) いくつかの意味があることば

동사 (1) 몇 개의 의미가 있는 말

주요 어휘 102p

やってみよう　正しいほうをえらびなさい。

1)　あの人は電話を持っていないので、連絡が（　出ない　取れない　）んです。

2)　コンサートに行ったら友達がいたので、声を（　かけた　立てた　）。

3)　天気予報が（　当たって　付いて　）、今日は１日いい天気だった。

4)　あの人、付き合っていた女性に（　かけられた　振られた　）らしいよ。

1　（　　　）に入れるのに最もよいものを、一つえらびなさい。

1)　今度の土曜は都合が（　　　　）から、ボランティアに参加することにした。

1　決まった　　2　付いた　　3　出せた　　4　取れた

2)　試験合格という目標を（　　　　）勉強している。

1　受けて　　2　かけて　　3　立てて　　4　はかって

3)　選手は試合の後、応援してくれた人たちに手を（　　　　）。

1　配った　　2　振った　　3　かけた　　4　破った

4)　あしたは３時からの会議に（　　　　）なりません。

1　かけなければ　　2　置かなければ　　3　しなければ　　4　出なければ

5)　駅の前で、女の人がこの紙を（　　　　）いましたよ。

1　配って　　2　試して　　3　ためて　　4　払って

2　＿＿＿に意味が最も近いものを、一つえらびなさい。

1)　わたしの父は、学校を出てから40年働いているそうです。

1　就職して　　2　卒業して　　3　中止して　　4　入学して

2) 友達と京都に行く計画を立てました。

1 急ぎました　　2 考えました　　3 もらいました　　4 やめました

3 つぎのことばの使い方として最もよいものを、一つえらびなさい。

1) かける

1 ソファーで寝ている弟に、毛布をかけた。

2 この本は、あそこの本棚にかけてください。

3 書類は5枚ずつかけて、置いておきましょう。

4 さっき買ったワインを、冷蔵庫にかけた。

2) 当たる

1 昨日は、母から当たった服を着て、学校へ行った。

2 さっきから、誰かが何回もドアを当たっている。

3 友達が投げたボールが、体に当たってしまって痛い。

4 彼は希望の会社に当たって、仕事を始めた。

4 ＿＿＿のことばの読み方として最もよいものを一つえらびなさい。

1) 服にしょう油が付いている。

1 ついて　　2 ういて　　3 ふいて　　4 おいて

2) ここから1枚、紙を取ってください。

1 きって　　2 くばって　　3 とって　　4 もって

5 ＿＿＿のことばを漢字で書くとき、最もよいものを一つえらびなさい。

1) わたしは子どものことがいつもしんぱいです。

1 心配　　2 心記　　3 心助　　4 心認

2) ボールを投げたら、まどに当たりました。

1 石　　2 床　　3 客　　4 窓

22회 動詞 (2)

동사 (2)

주요 어휘 104p

1 (　　　) に入れるのに最もよいものを、一つえらびなさい。

1) 学校から（　　　）書類をなくしてしまった。

1 放した　　2 受けた　　3 受け取った　　4 付き合った

2) 彼は足を（　　　）いすに座った。

1 入れて　　2 重ねて　　3 組んで　　4 進めて

3) 犬が庭におもちゃを（　　　）います。

1 うめて　　2 しめて　　3 とめて　　4 にぎって

4) あそこの公園の運動場は、周りを木に（　　　）います。

1 かけられて　　2 かこまれて　　3 こすられて　　4 ほられて

2 ＿＿＿に意味が最も近いものを、一つえらびなさい。

1) 生まれた町から離れて、生活しています。

1 いつも同じように　　2 いつも楽しく

3 遠いところに行って　　4 どこにも行かないで

2) テストの結果がよくなかったので、かばんに隠した。

1 すぐ出せるように、しまった　　2 誰にも見られないように、しまった

3 一つにまとめて、しまった　　4 他の物を出して、しまった

3 つぎのことばの使い方として最もよいものを、一つえらびなさい。

1) 掘る

1 コップを棚から掘って、テーブルに置いてください。

2 掃除のときに本棚を倒して、かべを掘ってしまった。

3 庭に穴を掘ってから、木を植えましょう。

4 猫が箱を掘って、中に入っていった。

2) たたく

1 このボタンを<u>たたく</u>と、コーヒーが出てきますよ。

2 自転車に乗った人が車に<u>たたかれた</u>のを見てしまった。

3 夜遅(おそ)くに、急にドアを<u>たたく</u>音がしてびっくりした。

4 彼(かれ)は何時間もサッカーボールを<u>たたいて</u>、練習(れんしゅう)していた。

4 **＿＿のことばの読み方として最もよいものを一つえらびなさい。**

1) ここで<u>転ばない</u>ように気をつけてください。

1 あそばない　2 ころばない　3 さけばない　4 よばない

2) 交通(こうつう)ルールを<u>守る</u>のは、大切なことです。

1 きめる　2 みせる　3 まもる　4 しる

3) 大事な<u>約束</u>を忘(わす)れてしまった。

1 しゅくだい　2 れんしゅう　3 もくてき　4 やくそく

4) この<u>曲</u>は200年ぐらい前に作られました。

1 きょく　2 くつ　3 さら　4 ふく

5 **＿＿のことばを漢字で書くとき、最もよいものを一つえらびなさい。**

1) あの人は、<u>えがお</u>がすてきな人です。

1 笑類　2 笑顔　3 笑観　4 笑様

2) 友達(ともだち)の家に遊(あそ)びに行ったけれど、<u>るす</u>だった。

1 留守　2 留束　3 留家　4 留所

3) ゆりさんは、指(ゆび)でスプーンを<u>まげる</u>ことができる。

1 当げる　2 向げる　3 曲げる　4 目げる

4) 昨日(きのう)、姉が知らない男性(だんせい)と腕(うで)を<u>くんで</u>歩いているのを見た。

1 組んで　2 結んで　3 細んで　4 給んで

23회 考える

생각하다

주요 어휘 105p

1 （　　　）に入れるのに最もよいものを、一つえらびなさい。

1) 10年後、自分がどんな生活をしているか全く（　　　）できない。

1 決心　　2 自慢　　3 想像　　4 募集

2) みんなに言われてやっと、彼は自分の間違いを（　　　）。

1 受けた　　2 答えた　　3 認めた　　4 許した

3) あの人が話したことはうそだったのに、全員が（　　　）しまった。

1 疑って　　2 信じて　　3 話して　　4 守って

4) 父は病気になったとき、もうたばこは吸わないと（　　　）したそうだ。

1 解決　　2 決心　　3 節約　　4 説明

5) 家族が見ているテレビが気になって、宿題に（　　　）できない。

1 集中　　2 主張　　3 心配　　4 意見

2 ＿＿に意味が最も近いものを、一つえらびなさい。

1) みんなの意見をまとめて、レポートを書いた。

1 意志　　2 考え　　3 調査　　4 悩み

2) 来月のパーティーについて、二つか三つ、案を考えましょう。

1 アイディア　　2 イベント　　3 メニュー　　4 スケジュール

3 つぎのことばの使い方として最もよいものを、一つえらびなさい。

1) 疑う

1 彼女は今日のパーティーに来ないと疑います。

2 狭い道を歩くのは危ないと、母はわたしに疑った。

3 テストの問題が難しくて、答えを疑ってしまった。

4 他の人の言うことをすぐに疑うのはよくないよ。

2) うっかり

1　会社でいっしょに働いている人に、毎朝うっかりあいさつしている。

2　どうしてもほしいゲームがあるので、うっかり貯金(ちょきん)するつもりだ。

3　話さないと約束(やくそく)していたのに、他(ほか)の人にうっかり話してしまった。

4　来年は大学の入学試験を受(う)けるので、今からうっかり勉強しようと思う。

4　＿＿＿のことばの読み方として最もよいものを一つえらびなさい。

1) この映画、案外おもしろかったよ。

1　あがい　　2　あんがい　　3　あわい　　4　あんわい

2) 彼(かれ)の話が本当(ほんとう)かどうか、疑っています。

1　うたがって　　2　しって　　3　まよって　　4　わかって

3) 昨日(きのう)の会議(かいぎ)の内容を教えてください。

1　うちおう　　2　うちよう　　3　ないおう　　4　ないよう

4) 日本語を英語に訳す。

1　かえす　　2　なおす　　3　もどす　　4　やくす

5　＿＿＿のことばを漢字で書くとき、最もよいものを一つえらびなさい。

1) 子どものいたずらだからゆるしてあげましょう。

1　許して　　2　試して　　3　計して　　4　認して

2) あの人が来ないのは、何かわけがあるのでしょう。

1　別　　2　理　　3　訳　　4　分

3) スピーチで何を話せばいいか、いいあんが思いつかない。

1　安　　2　案　　3　完　　4　窓

4) ジュースをこぼして、かばんのうちがわを汚(よご)した。

1　内側　　2　外側　　3　中側　　4　表側

24회 話す

말하다

주요 어휘 106p

1 （　　　）に入れるのに最もよいものを、一つえらびなさい。

1) 彼が学校を辞めるという（　　　　）が、学校中に広がっている。

1 いたずら　　2 インタビュー　　3 うわさ　　4 ユーモア

2) 今晩、卒業後のことについて、両親と（　　　　）つもりだ。

1 知り合う　　2 取り消す　　3 話し合う　　4 やり直す

3) 大学で、学生たちがボランティアへの参加を（　　　　）いた。

1 注文して　　2 怒鳴って　　3 認めて　　4 呼びかけて

4) 歌が下手だと言ったのは、ただの（　　　　）のつもりだったんです。

1 うわさ　　2 おしまい　　3 じょうだん　　4 ひみつ

5) 自分の気持ちを言葉で（　　　　）のは、難しいです。

1 表す　　2 呼ぶ　　3 破る　　4 許す

2 ＿＿＿に意味が最も近いものを、一つえらびなさい。

1) あの人はフランス語がぺらぺらだそうですよ。

1 少し話せる　　2 とても上手だ　　3 とても下手だ　　4 話せない

2) ここまでできたら、報告してくださいね。

1 書いて　　2 出して　　3 教えて　　4 認めて

3 つぎのことばの使い方として最もよいものを、一つえらびなさい。

1) 慰める

1 家族が気持ちよく過ごせるように、部屋をきれいに慰めた。

2 この商品は服の汚れがよく落ちるので、洗濯が慰められます。

3 大学に合格できなかったわたしを、母は優しく慰めてくれた。

4 運動して疲れましたから、ここに座って体を慰めましょう。

2) 怒鳴る

1　大きい声で歌を怒鳴っていたら、母にうるさいと言われた。

2　となりの家のおじいさんが、いたずらをした男の子を怒鳴った。

3　バスと自転車の事故のため、救急車が怒鳴りながら走っていった。

4　店に入ろうとしたら、列に並べと小声で怒鳴られた。

4 ＿＿＿のことばの読み方として最もよいものを一つえらびなさい。

1) 電車の中で、大声で話すと迷惑ですよ。

1　おおこえ　　2　おおごえ　　3　だいこえ　　4　だいごえ

2) 今日、新しいゲームの発売が発表されました。

1　はっひょう　　2　はっひょ　　3　はっぴょ　　4　はっぴょう

3) 昨日の掃除のことで、母に怒られた。

1　ほめられた　　2　おこられた　　3　きめられた　　4　しかられた

4) わたしの番になったら、呼んでくれますか。

1　もうしこんで　　2　えらんで　　3　さけんで　　4　よんで

5 ＿＿＿のことばを漢字で書くとき、最もよいものを一つえらびなさい。

1) これはあの人のお願いだから、ことわることはできません。

1　断る　　2　計る　　3　理る　　4　配る

2) 多くの人が、自分たちの主張をさけびながら歩いていた。

1　告び　　2　叫び　　3　呼び　　4　怒び

3) 試験の結果を先生にほうこくした。

1　報話　　2　報結　　3　報告　　4　報苦

4) わたしは、自分の気持ちを言葉でひょうげんするのが苦手だ。

1　表現　　2　果現　　3　発現　　4　集現

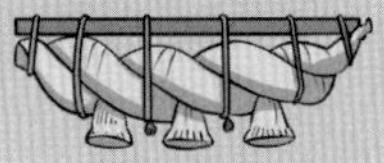

25회 い形容詞(けいようし)

い형용사

주요 어휘 107p

やってみよう　例のように、いっしょに使うことばをえらびなさい。

例）やさしい・	・光
1) くわしい・	・仕事
2) きつい　・	・色
3) まぶしい・	・説明
4) こい　　・	・人

1　（　　　）に入れるのに最もよいものを、一つえらびなさい。

1) いい生活をしている人が（　　　　）です。

1　うらやましい　　2　うるさい　　3　つまらない　　4　きびしい

2) ここは（　　　　）坂(さか)だから、自転車でも簡単(かんたん)に登(のぼ)れる。

1　きつい　　2　怖(こわ)い　　3　高い　　4　緩(ゆる)い

3) あの人は（　　　　）、クラスの友達(ともだち)ともあまり話しません。

1　おとなしくて　　2　賢くて　　3　詳(くわ)しくて　　4　親しくて

4) 空が暗くなって、急に（　　　　）雨が降(ふ)ってきた。

1　大きい　　2　多い　　3　まぶしい　　4　はげしい

5) 昨日(きのう)はサッカーの試合に負けて、とても（　　　　）。

1　くやしかった　　2　こわかった　　3　さびしかった　　4　まぶしかった

2　＿＿＿に意味が最も近いものを、一つえらびなさい。

1) このナイフは鋭(するど)いので、使うときに気をつけてください。

1　切りにくい　　2　よく切れる　　3　とても重い　　4　とても小さい

2) 小さいころから、彼女(かのじょ)の家は貧(まず)しかった。

1 お金がなかった　2 せまかった　3 人が多かった　4 にぎやかだった

3 つぎのことばの使い方として最もよいものを、一つえらびなさい。

1) まぶしい

1 彼女(かのじょ)はいつもまぶしいので、みんなに人気があります。

2 たくさんの星が空にあって、まぶしくてきれいだった。

3 窓(まど)から入る光がまぶしいので、カーテンを閉めましょう。

4 この絵は色が暗いので、もう少しまぶしい色を使ったほうがいいですよ。

2) きつい

1 太ってしまったから、去年のスカートがきつくて、はけません。

2 昨日(きのう)買ったばかりのパンが、もうきつくなってしまった。

3 彼女(かのじょ)は大変(たいへん)なことがあっても負けない、きつくてすてきな人です。

4 父からもらったシャツがちょうど自分のサイズで、きつかった。

4 ＿＿＿のことばの読み方として最もよいものを一つえらびなさい。

1) あの人は賢いので、失敗(しっぱい)しないだろう。

1 したしい　2 かしこい　3 すごい　4 するどい

2) わたしの留学(りゅうがく)の費用(ひよう)は、両親(りょうしん)にとって大きな負担です。

1 ふうたん　2 ふたん　3 ぶたん　4 ふったん

5 ＿＿＿のことばを漢字で書くとき、最もよいものを一つえらびなさい。

1) この料理は味がこくて、あまり好きじゃないです。

1 温くて　2 減くて　3 混くて　4 濃くて

2) 一人でせいかつするのは大変(たいへん)です。

1 生活　2 生告　3 生結　4 生苦

26회 な形容詞など

な형용사 등

주요 어휘 108p

やってみよう　例のように、いっしょに使うことばをえらびなさい。

例）地味な •	• 人
1) 正直な •	• 野菜
2) 複雑な •	• 服
3) 新鮮な •	• 問題
4) 急な •	• 坂

1　（　　　）に入れるのに最もよいものを、一つえらびなさい。

1) 歩くだけの（　　　）運動でも、健康にいいですよ。

1 確実な　　2 正直な　　3 単純な　　4 当然な

2) この仕事は少し（　　　）なので、みんなで分けたほうがいいと思う。

1 意外　　2 地味　　3 迷惑　　4 面倒

3) （　　　）用事ができてしまったので、あしたは休ませていただきます。

1 主な　　2 急な　　3 豊かな　　4 地味な

4) これはわたしが直接確認した、（　　　）情報です。

1 おかしな　　2 新鮮な　　3 確かな　　4 派手な

5) 色もデザインも派手じゃない、（　　　）服が好きです。

1 立派な　　2 素直な　　3 オーバーな　　4 シンプルな

2　＿＿＿に意味が最も近いものを、一つえらびなさい。

1) やせようと思って、<u>あらゆる</u>方法を試してみたが、だめだった。

1 教えられた　　2 考えた　　3 ぜんぶの　　4 たくさんの

2)　自分の間違(まちが)いに気がついたら、正直(しょうじき)に言ってください。

1　うそをつかないで　　2　間違(まちが)わないで
3　もっと詳(くわ)しく　　4　目を見て

3　つぎのことばの使い方として最も よいものを、一つえらびなさい。

1)　重大

1　母からもらった重大な時計を、箱(はこ)に入れました。
2　新しい商品(しょうひん)がぜんぜん売れないことは、重大な問題です。
3　この荷物(にもつ)は少し重大なので、気をつけて持ってください。
4　このクラスでいちばん重大な人は、田中(たなか)さんです。

2)　主

1　駅前は人も店も多くて、この町でいちばん主な場所です。
2　父はとても主な病気になってしまいました。
3　今日の主なニュースをお知らせします。
4　あなたの人生でいちばん主なことは何ですか。

4　＿＿＿のことばの読み方として最もよいものを一つえらびなさい。

1)　こんなに勉強したのだから、次(つぎ)の試験は確実に合格(ごうかく)するだろう。

1　かくざつ　　2　かくじつ　　3　かくしつ　　4　かくみ

2)　この地方は、自然(しぜん)が豊かで、いいところですよ。

1　おおか　　2　たしか　　3　ほうか　　4　ゆたか

5　＿＿＿のことばを漢字で書くとき、最もよいものを一つえらびなさい。

1)　朝の電車はいつもこんざつしています。

1　混雑　　2　混確　　3　混務　　4　混複

2)　これはたんじゅんな問題です。

1　短純　　2　単純　　3　多純　　4　当純

27회 副詞(ふくし) (1)

부사 (1)

주요 어휘 109p

やってみよう　正しいほうをえらびなさい。

1) 今まで彼女(かのじょ)と話したのは（　そっと　たった　）1回です。

2) 二つの箱(はこ)の中の物を（　さっぱり　そっくり　）入れかえました。

3) 彼(かれ)は外で遊(あそ)ぶ子どもたちを（　ぼんやり　なるべく　）眺(なが)めていた。

4) 彼(かれ)は授業中(じゅぎょうちゅう)、（　自動的(じどうてき)に　積極的(せっきょくてき)に　）自分の意見を言った。

5) このりんごは（　ずいぶん　なるべく　）大きいですね。

1　**（　　　）に入れるのに最もよいものを、一つえらびなさい。**

1) 20年前と比(くら)べて、この町は（　　　　）大きくなったなあ。

1　さっぱり　　2　ずいぶん　　3　ぼんやり　　4　なるべく

2) この後も部屋(へや)を使うので、エアコンは（　　　　）つけておいてください。

1　さっぱり　　2　ぜんぜん　　3　そっくり　　4　そのまま

3) 息子(むすこ)は（　　　　）半年の間に5センチも背(せ)が高くなった。

1　さすが　　2　そっと　　3　たった　　4　つまり

4) 今年は（　　　　）試験に合格(ごうかく)したいので、がんばって勉強しないと。

1　完全(かんぜん)に　　2　絶対に　　3　自動的(じどうてき)に　　4　積極的(せっきょくてき)に

5) 今夜は勉強するということは、（　　　　）映画は見ないということですね。

1　もっと　　2　すべて　　3　そっと　　4　つまり

2　**＿＿＿に意味が最も近いものを、一つえらびなさい。**

1) 今日のテストは難(むずか)しくて、<u>全(まった)く</u>わからなかった。

1　あまり　　2　さっぱり　　3　ほとんど　　4　よく

2) 彼は部屋からそっと出ていった。

1 急いで　2 のんびり　3 静かに　4 一人で

3 つぎのことばの使い方として最もよいものを、一つえらびなさい。

1) なるべく

1 わたしは、なるべく毎日、日本語を勉強するようにしています。

2 今日の試合は勝ちたかったので、なるべくがんばりました。

3 来週のパーティーに来る人は、なるべく30人ぐらいです。

4 水と空気は、人間が生きるためになるべく必要です。

2) さすが

1 がんばって勉強したのに、テストの問題はさすが解けなかった。

2 買ったばかりのかばんなのに、さすが1週間で壊れてしまった。

3 天気が悪くなりそうだと思っていたら、さすが雨が降ってきたよ。

4 どの料理もとてもおいしくて、さすがプロの料理人ですね。

4 ＿＿＿のことばの読み方として最もよいものを一つえらびなさい。

1) 今日の仕事は全て終わりました。

1 すへて　2 すべて　3 せんて　4 ぜんて

2) パーティーの準備は、順調に進んでいます。

1 しゅんちょう　2 じゅんちょう　3 すんちょう　4 ずんちょう

5 ＿＿＿のことばを漢字で書くとき、最もよいものを一つえらびなさい。

1) 昨日の夜は、何も食べないでねてしまいました。

1 眠て　2 床て　3 寝て　4 宿て

2) あの人はぜったいにお酒を飲みません。

1 絶対　2 接対　3 決対　4 純対

28회 副詞(ふくし) (2)

부사 (2)

주요 어휘 110p

やってみよう　正しいほうをえらびなさい。

1) （　いよいよ　たまたま　）昨日(きのう)やった問題がテストに出た。

2) 昨日(きのう)見た映画は、（　まあまあ　まだまだ　）おもしろかったです。

3) 地震(じしん)で家が（　からから　ぐらぐら　）と揺(ゆ)れました。

4) みんなの意見が（　からから　ばらばら　）に分かれてしまった。

1　（　　　）に入れるのに最もよいものを、一つえらびなさい。

1) 夕方になって、コンサート会場は（　　　　）人が多くなってきた。

1　からから　　2　たまたま　　3　とんとん　　4　ますます

2) 缶(かん)の中に小さい石が入っていて、（　　　　）と音がします。

1　からから　　2　ぐらぐら　　3　とんとん　　4　ばらばら

3) 準備(じゅんび)に２か月かかったスピーチ大会が（　　　　）始まります。

1　次々(つぎつぎ)に　　2　突然　　3　いよいよ　　4　まだまだ

4) いい天気だったのに、（　　　　）空が暗くなって、雨が降(ふ)ってきた。

1　今回　　2　早速(さっそく)　　3　次々(つぎつぎ)　　4　突然

5) 天気予報(よほう)によると、この雪は（　　　　）やまないらしい。

1　たまたま　　2　とっくに　　3　まだまだ　　4　ようやく

2　＿＿＿に意味が最も近いものを、一つえらびなさい。

1) 病院で１時間待って、<u>ようやく</u>自分の番(ばん)が来た。

1　すぐに　　2　つぎは　　3　やっと　　4　ゆっくり

2)　<u>以前</u>先生の家に伺(うかが)ったときに、彼女(かのじょ)と知り合ったんです。

1　先週　　2　昨日(きのう)　　3　朝　　4　前に

3 つぎのことばの使い方として最もよいものを、一つえらびなさい。

1)　早速(さっそく)

1　この電車に乗れば、<u>早速(さっそく)</u>着くと思います。

2　新しいパソコンを買ったので、<u>早速(さっそく)</u>使ってみた。

3　あしたはいつもより<u>早速(さっそく)</u>起きなければいけません。

4　レポートのしめ切りは、<u>早速(さっそく)</u>過(す)ぎましたよ。

2)　次々(つぎつぎ)と

1　この町は、新しいビルが<u>次々(つぎつぎ)と</u>建てられている。

2　彼(かれ)の日本語は<u>次々(つぎつぎ)と</u>上手になっていますね。

3　昨日(きのう)の午後は4時間ぐらい<u>次々(つぎつぎ)と</u>勉強していた。

4　わたしは映画が好きで、<u>次々(つぎつぎ)と</u>映画館に行きます。

4 ＿＿＿のことばの読み方として最もよいものを一つえらびなさい。

1)　お湯(ゆ)を<u>沸かして</u>コーヒーを飲みましょう。

1　きかして　　2　とかして　　3　ふかして　　4　わかして

2)　<u>突然</u>、強い風が吹(ふ)いてきました。

1　いぜん　　2　しぜん　　3　つんぜん　　4　とつぜん

5 ＿＿＿のことばを漢字で書くとき、最もよいものを一つえらびなさい。

1)　<u>じかい</u>の会議(かいぎ)は水曜日に行います。

1　今回　　2　以回　　3　次回　　4　来回

2)　海の近くできれいな<u>いし</u>を拾(ひろ)った。

1　石　　2　実　　3　束　　4　豆

29회 カタカナの言葉（1）

가타카나 단어 (1)

주요 어휘 111p

1 （　　　）に入れるのに最もよいものを、一つえらびなさい。

1) あの店は、料理がおいしいし（　　　　）もいいので人気がある。

1　サービス　　2　スーパー　　3　テーマ　　4　レポート

2) 高田さんが電話に出ないので、（　　　　）を残しておいた。

1　アイディア　　2　スピーチ　　3　メッセージ　　4　レコード

3) 日本語で（　　　　）ができるようになって、うれしいです。

1　オーバー　　2　グループ　　3　コミュニケーション　　4　ユーモア

4) マラソン選手が（　　　　）を間違えて、走っていってしまった。

1　クリーム　　2　コース　　3　セット　　4　プラン

5) テーブルといすの（　　　　）を買った。

1　グループ　　2　チャンス　　3　セット　　4　プラン

2 ＿＿＿＿に意味が最も近いものを、一つえらびなさい。

1) 仕事が入ってしまったので、病院の予約をキャンセルした。

1　中止した　　2　取った　　3　取り消した　　4　忘れた

2) あと5分で、サッカーの試合がスタートする。

1　終わる　　2　続く　　3　止まる　　4　始まる

3 つぎのことばの使い方として最もよいものを、一つえらびなさい。

1) オーバー

1　京都の旅行では、買い物がオーバーしてお金を使いすぎた。

2　ワンさんは、スピーチで決められた時間を5分もオーバーした。

3　彼女は食事がオーバーしても太らないので、ちょっとうらやましい。

4　ガスの火がオーバーして、焼いていた牛肉がかたくなってしまった。

2)　オープン

1　うちの近くに、新しいスーパーがオープンするらしい。

2　わたしが通う大学の授業(じゅぎょう)は、9時からオープンする。

3　パーティーはオープンですから、いっしょに行きませんか。

4　刺身(さしみ)にするため、大きな魚のおなかを包丁(ほうちょう)でオープンした。

4 ＿＿＿のことばの読み方として最もよいものを一つえらびなさい。

1)　電気を消してください。

1　おして　　2　かして　　3　おとして　　4　けして

2)　このクリームはかなり甘い。

1　あまい　　2　うまい　　3　からい　　4　しろい

3)　すみませんが、山中(やまなか)さんに「遅(おく)れます」と伝えてください。

1　おしえて　　2　おぼえて　　3　こたえて　　4　つたえて

4)　あのレストランは人気があるので、席(せき)を予約しておいたほうがいいです。

1　よあく　　2　ようやく　　3　よやくう　　4　よやく

5 ＿＿＿のことばを漢字で書くとき、最もよいものを一つえらびなさい。

1)　これまで、日本に行くきかいが一度もありませんでした。

1　機回　　2　機会　　3　来回　　4　来会

2)　時間になったので帰ろうとしたら、仕事をたのまれてしまった。

1　以まれて　　2　飲まれて　　3　頼まれて　　4　問まれて

3)　次(つぎ)の日曜日は、ドライブに行くよていだ。

1　有体　　2　予定　　3　用体　　4　予約

4)　これは、昔(むかし)から日本につたわる話だ。

1　通わる　　2　教わる　　3　注わる　　4　伝わる

30회 カタカナの言葉(ことば)(2)

가타카나 단어 (2)

주요 어휘 112p

やってみよう　例のように、意味が近いことばをえらびなさい。

例) スピード •	• 印象
1) ゲーム •	• 試合
2) イメージ •	• 切符(きっぷ)
3) チケット •	• 速さ(はや)

(例: スピード — 速さ)

1　(　　　) に入れるのに最もよいものを、一つえらびなさい。

1) あの歌手は人気があって、コンサートの（　　　）がなかなか買えない。

1 エンジン　2 チェック　3 チケット　4 ドラマ

2) 手をきれいに洗(あら)ってから、乾(かわ)いた（　　　）でふきました。

1 エアコン　2 タオル　3 トイレ　4 ボタン

3) 車の（　　　）を見ていたら、買いたくなってきてしまった。

1 イメージ　2 カタログ　3 チーム　4 ドライブ

4) ハメスが（　　　）になってから、あのサッカーチームは強くなった。

1 アルバイト　2 キャプテン　3 ダイエット　4 ハンサム

5) もっと速(はや)く走れるように、毎日（　　　）しています。

1 オープン　2 カバー　3 コース　4 トレーニング

2　＿＿＿に意味が最も近いものを、一つえらびなさい。

1) <u>チケット</u>を持っていますか。

1 切手　2 切符(きっぷ)　3 はがき　4 封筒(ふうとう)

2) わたしは最近、人間関係の<u>トラブル</u>で悩んでいる。

1　こと　　2　世話　　3　間違い　　4　問題

3 **つぎのことばの使い方として最もよいものを、一つえらびなさい。**

1) カット

1　もう遅いので、そろそろ仕事を<u>カット</u>して家に帰りましょう。

2　この部屋を出るときは、エアコンを<u>カット</u>してください。

3　高田さんは問題を起こして、会社から<u>カット</u>されてしまった。

4　暑くなったので、子どもたちの髪を短く<u>カット</u>した。

2) デザイン

1　そのドレス、ちょっと変わった<u>デザイン</u>ですね。

2　わたしは将来、家を買うことを<u>デザイン</u>している。

3　友達といっしょに来月の京都旅行を<u>デザイン</u>した。

4　山中さんの新しい家は、とても<u>デザイン</u>ですね。

4 **______のことばの読み方として最もよいものを一つえらびなさい。**

1) 初めて会ったとき、コーチの<u>印象</u>はあまりよくなかった。

1　いんしゅう　　2　いんしょう　　3　いんじょう　　4　いんぞう

2) 今夜は寒いから、<u>毛布</u>をもう一枚かけようと思う。

1　もうふ　　2　もっふ　　3　もふ　　4　もふう

5 **______のことばを漢字で書くとき、最もよいものを一つえらびなさい。**

1) あなたが好きな<u>えいが</u>は何ですか。

1　映画　　2　映楽　　3　映学　　4　映回

2) 息子は昼間たくさん<u>あそんだ</u>ので、疲れて早く寝た。

1　遊んだ　　2　進んだ　　3　運んだ　　4　休んだ

모의시험

問題1 ＿＿＿のことばの読み方として最もよいものを、1・2・3・4から一つえらびなさい。

1 あのレストランは朝7時から営業している。

1 えいぎょ　2 えいぎょう　3 えぎょ　4 えぎょう

2 旅行の計画を立てましょう。

1 けいか　2 けいかく　3 けいが　4 けいがく

3 友人のかばんを汚してしまいました。

1 こわして　2 なくして　3 ほして　4 よごして

4 危険(きけん)ですから、道路で遊(あそ)ばないでください。

1 どろ　2 どろう　3 どうろ　4 どうろう

5 兄は大学を出て、銀行に就職した。

1 しゅうしゅく　2 しゅうしょく　3 しゅしゅく　4 しゅしょく

6 りんごを大きさで分類して、箱(はこ)に入れました。

1 ふんるい　2 ふんれい　3 ぶんるい　4 ぶんれい

7 外で誰(だれ)かが叫んでいますね。

1 あそんで　2 ころんで　3 さけんで　4 よんで

8 この部屋(へや)を使うときは、許可を取(と)らなければならない。

1 きゅうか　2 きゅか　3 きょうか　4 きょか

問題２　＿＿＿のことばを漢字で書くとき、最もよいものを、1・2・3・4から一つえらびなさい。

9　この本は難(むずか)しくて、ないようがよくわかりません。

1　内客　　2　内案　　3　内容　　4　内突

10　子どもたちにお菓子(かし)をくばりました。

1　届り　　2　配り　　3　付り　　4　給り

11　この店ではお酒(さけ)をはんばいしていない。

1　飯売　　2　飯買　　3　販売　　4　販買

12　住んでいる町のかこの様子(ようす)について調(しら)べています。

1　過古　　2　過去　　3　週古　　4　週去

13　インターネットで注文していた品物がとどいた。

1　到いた　　2　届いた　　3　配いた　　4　付いた

14　他(ほか)の国の文化(ぶんか)や言葉(ことば)にかんしんがあります。

1　間心　　2　簡心　　3　開心　　4　関心

問題３ （　　　）に入れるのに最もよいものを、１・２・３・４から一つえらびなさい。

15 子どもたちがテーブルを（　　　）楽しそうにゲームをしている。

1 配って　　2 囲(かこ)んで　　3 重(かさ)ねて　　4 混(ま)ぜて

16 自分でしっかりと（　　　）を立てて、努力(どりょく)を続(つづ)けています。

1 結果(けっか)　　2 特長　　3 整理(せいり)　　4 目標(もくひょう)

17 あわてていたので、（　　　）反対(はんたい)の方向(ほうこう)に行く電車に乗ってしまった。

1 うっかり　　2 さっぱり　　3 せっかく　　4 そっくり

18 朝の時間は２、３分（　　　）で電車が来るが、どの電車も混(こ)んでいる。

1 間隔(かんかく)　　2 期間(きかん)　　3 時刻(じこく)　　4 短期(たんき)

19 このラーメン店はとても人気で、お客(きゃく)さんが（　　　）を作って並(なら)んでいる。

1 券(けん)　　2 線(せん)　　3 波(なみ)　　4 列(れつ)

20 両親(りょうしん)はわたしがいい大学に入(はい)ることを（　　　）しています。

1 確認(かくにん)　　2 期待(きたい)　　3 指導(しどう)　　4 理解(りかい)

21 急に予定(よてい)が入ってしまったので、友人との約束(やくそく)を（　　　）した。

1 オーバー　　2 カット　　3 キャンセル　　4 セット

22 一人ではなく何人かの人が関係(かんけい)していると、問題は（　　　）になる。

1 確実(かくじつ)　　2 不安　　3 順調(じゅんちょう)　　4 複雑(ふくざつ)

23 赤いセーターをどこに（　　　）のかわからなくて、ずっと探(さが)している。

1 かさねた　　2 しまった　　3 ためた　　4 はさんだ

24 昨日(きのう)から熱(ねつ)があって頭が（　　　　）するので、仕事を休んだ。

1　がらがら　　2　からから　　3　ぶらぶら　　4　ふらふら

25 となりの部屋(へや)がうるさくて、勉強に（　　　　）することができない。

1　参加(さんか)　　2　集中　　3　成功(せいこう)　　4　努力(どりょく)

問題４ ＿＿＿に意味が最も近いものを、１・２・３・４から一つえらびなさい。

26 駅から 10 キロも歩いて、くたびれた。

1　大変(たいへん)だった　　2　疲(つか)れた　　3　遅(おそ)くなった　　4　道を間違(まちが)えた

27 晩(ばん)ご飯(はん)の支度をしましょう。

1　買い物　　2　準備(じゅんび)　　3　手伝(てつだ)い　　4　注文

28 いい天気だったのに、突然(とつぜん)雨が降(ふ)り始めた。

1　だんだん　　2　急に　　3　少し　　4　たくさん

29 あの人はおとなしい人です。

1　静かな　　2　いつも元気な　　3　頭がいい　　4　印象(いんしょう)がいい

30 実験(じっけん)が失敗(しっぱい)したので、他(ほか)の方法(ほうほう)を試(ため)そう。

1　やってみよう　　2　聞いてみよう　　3　考えよう　　4　調(しら)べよう

問題５　つぎのことばの使い方として最もよいものを、1・2・3・4から一つえらびなさい。

31　順調

1　仕事が予定通り順調に進んでいるか、教えてください。

2　ラーメン屋の前に、多くの人が順調に並んでいます。

3　あそこの道は狭いので、車で順調に通るのが難しい。

4　彼は日本語が上手で、順調に話すことができます。

32　進歩

1　事故で道が混雑していて、バスがなかなか進歩しない。

2　スケジュールの通りに、作業を進歩してください。

3　科学技術が進歩して、あらゆることが自動化されてきた。

4　この町は人が増えてにぎやかになり、とても進歩した。

33　認める

1　来週の予定を認めてから、パーティーに行けるかどうかお返事します。

2　言葉の意味がわからなかったので、辞書で意味を認めた。

3　彼が会議のときに出た意見を認めて、報告してくれました。

4　彼はみんなに言われて、やっと自分の間違いを認めた。

34　かける

1　長い間連絡をかけていなかった小学校の先生に、手紙を書いた。

2　外出するときは、必ず鍵をかけてから出かけてください。

3　両親からもらったネクタイをかけて、大学の入学式に行った。

4　友人がこちらに向かって歩いてきたので、手をかけて呼んでみた。

35　落ち着く

1　テーブルからフォークが落ち着いてしまったので、新しいのをください。

2　新しい仕事と引っ越しで忙しかったが、最近やっと気持ちが落ち着いた。

3　ずっと調子が悪かったエアコンが、とうとう落ち着いたので修理しよう。

4　次の旅行について話し合ったけれど、みんなの意見は落ち着かなかった。

주요 어휘

1회 生活(せいかつ)(1) わたしの一日(いちにち)

생활 (1) 나의 하루

01

단어 및 표현

□	家族(かぞく)と暮(く)らす Ⅰ	가족과 살다	★	中古(ちゅうこ)の車(くるま)	중고차
□	楽(たの)しい時間(じかん)を過(す)ごす Ⅰ	즐거운 시간을 보내다	□	友達(ともだち)とドライブする	친구와 드라이브하다
□	うちでのんびり(と)する	집에서 한가롭게 지내다	★	スケジュール ≒ 予定(よてい)	스케줄 ≒ 예정
★	くたびれる Ⅱ ≒ 疲(つか)れる	지치다 ≒ 피곤하다	□	予定(よてい)を確認(かくにん)する	예정을 확인하다
★	ぐっすり(と)眠(ねむ)る	푹 자다	□	ふだん、着(き)る服(ふく)	평소 입는 옷
□	ちょっと立(た)ち止(ど)まる Ⅰ	잠시 멈추어 서다	□	派手(はで)な色(いろ)	화려한 색
★	偶然(ぐうぜん)、友達(ともだち)に会(あ)う	우연히 친구를 만나다	□	暖(あたた)かい服装(ふくそう)	따뜻한 복장

한자

暮	く・らす く・れる	暮(く)らす Ⅰ 살다 日(ひ)が暮(く)れる Ⅱ 해가 저물다	眠	ミン ねむ・る	睡眠(すいみん) 수면 眠(ねむ)る Ⅰ 잠들다
過	カ す・ごす す・ぎる	過去(かこ) 과거 時間(じかん)を過(す)ごす Ⅰ 시간을 보내다 時間(じかん)が過(す)ぎる Ⅱ 시간이 지나다	確	カク たし・か たし・かめる	正確(せいかく)な 정확한 確(たし)か 확실함 確(たし)かめる Ⅱ 확인하다
疲	つか・れる	疲(つか)れる Ⅱ 지치다, 피로해지다	認	ニン みと・める	確認(かくにん)する 확인하다 認(みと)める Ⅱ 인정하다

過去→ 20회　確か→ 26회　確かめる→ 16회　認める→ 23회

2회 生活(せいかつ)(2) 家(いえ)をきれいにする

생활 (2) 집을 깨끗이 하다

02

단어 및 표현

★	水(みず)を床(ゆか)にこぼす I	물을 바닥에 엎지르다
★	窓(まど)を拭(ふ)く I	창문을 닦다
□	高(たか)い所(ところ)に手(て)が届(とど)く I	높은 곳에 손이 닿다
□	手紙(てがみ)が届(とど)く I	편지가 도착하다
□	机(つくえ)を動(うご)かす I 自 動(うご)く	책상을 옮기다 자 움직이다, 이동하다
□	きちんと片付(かたづ)ける	말끔히 정리하다
★	本(ほん)を重(かさ)ねる II 自 重(かさ)なる	책을 포개다 자 포개어지다
★	本(ほん)を整理(せいり)する ≒ 片付(かたづ)ける	책을 정리하다 ≒ 치우다, 정돈하다
★	本(ほん)を分類(ぶんるい)する	책을 분류하다
★	新聞紙(しんぶんし)をひもでしばる I	신문지를 끈으로 묶다
□	ごみを捨(す)てる II ↔ 拾(ひろ)う	쓰레기를 버리다 ↔ 줍다
□	ごみをまとめる II	쓰레기를 한데 모으다
□	意見(いけん)をまとめる II	의견을 모으다(통합하다)
□	庭(にわ)に木(き)を植(う)える II	정원에 나무를 심다
★	草(くさ)を抜(ぬ)く I	풀을 뽑다
★	水(みず)を抜(ぬ)く I	물을 빼다
□	水(みず)をためる II 自 たまる	물을 모으다 자 모이다, 불다

한자

床	ゆか	床(ゆか) 바닥
所	ショ ところ	場所(ばしょ) 장소 所(ところ) 곳, 장소
届	とど・く とど・ける	手紙(てがみ)が届(とど)く I 편지가 도착하다 手紙(てがみ)を届(とど)ける II 편지를 보내다
類	ルイ	分類(ぶんるい)する 분류하다 種類(しゅるい) 종류
捨	す・てる	捨(す)てる II 버리다
庭	テイ にわ	家庭(かてい) 가정 庭(にわ) 정원, 마당
植	ショク う・える	植物(しょくぶつ) 식물 植(う)える II 심다

3회 生活(せいかつ)(3) 料理(りょうり)・洗濯(せんたく)

생활 (3) 요리 · 세탁

03

단어 및 표현

★	食事(しょくじ)の支度(したく)をする	식사 준비를 하다
☐	パンにチーズを挟(はさ)むⅠ	빵에 치즈를 끼우다
★	鍋(なべ)に水(みず)を加(くわ)えるⅡ	냄비에 물을 더 넣다
★	お湯(ゆ)が沸騰(ふっとう)する ㊐ 沸(わ)く	물이 끓어오르다 ㊐ 끓다
★	スープをかき混(ま)ぜるⅡ	수프를 휘젓다
☐	コップにお湯(ゆ)を注(そそ)ぐⅠ	컵에 뜨거운 물을 붓다
★	重(おも)さを量(はか)るⅠ	무게를 재다
★	豆(まめ)のスープ	콩 수프
★	中国産(ちゅうごくさん)の野菜(やさい)	중국산 야채(채소)
☐	ピザを注文(ちゅうもん)する	피자를 주문하다
☐	汚(よご)れが落(お)ちる	때가 빠지다
★	汚(よご)れが染(し)みになる	때가 얼룩이 되다
☐	ボタンが取(と)れるⅡ	단추가 떨어지다
☐	靴(くつ)を磨(みが)くⅠ	구두를 닦다
☐	歯(は)を磨(みが)くⅠ	이를 닦다
☐	シャツを干(ほ)すⅠ	셔츠를 말리다
★	服(ふく)をしまうⅠ ㊐ 片付(かたづ)ける	옷을 치우다 ㊐ 정리하다

한자

한자	읽기	예
加	カ	参加(さんか)する 참가하다
	くわ・える	塩(しお)を加(くわ)えるⅡ 소금을 더하다(치다)
	くわ・わる	人(ひと)が加(くわ)わるⅠ 사람이 늘다
産	サン	～産(さん)：日本産(にほんさん) ~산 : 일본산
	う・む	子(こ)どもを産(う)むⅠ 아이를 낳다
混	コン	混雑(こんざつ)する 혼잡하다
	ま・ざる	塩(しお)が混(ま)ざるⅠ 소금이 섞이다
	ま・ぜる	かき混(ま)ぜるⅡ 휘젓다
	こ・む	混(こ)むⅠ 붐비다, 혼잡하다
汚	よご・れる	服(ふく)が汚(よご)れるⅡ 옷이 더러워지다
		汚(よご)れ 때, 얼룩
	よご・す	服(ふく)を汚(よご)すⅠ 옷을 더럽히다
	きたな・い	汚(きたな)い 더럽다
豆	まめ	豆(まめ) 콩
干	ほ・す	干(ほ)すⅠ 말리다

参加する→ 4회　混雑する→ 14회

4회 文化
문화

04

단어 및 표현

★	芸術を楽しむ	예술을 즐기다
□	イベントが行われる	이벤트가 열리다
□	イベントに参加する	이벤트에 참가하다
★	観客が集まる	관객이 모이다
★	会場が満員になる	회장이 만원이 되다
★	コンサートが進行する	콘서트가 진행되다
□	ピアノを演奏する	피아노를 연주하다
□	歌手として活動する	가수로서 활동하다
★	共通の趣味 ➡ 共通点 ➡ 共通する	공통의 취미 ➡ 공통점 ➡ 공통되다
★	旅行が延期になる ➡ 延期する	여행이 연기되다 ➡ 연기하다
★	日本の建築 ➡ 建築する	일본의 건축 ➡ 건축하다
★	立派なお寺	훌륭한 절
□	有名な作家	유명한 작가
□	才能がある	재능이 있다
★	小説に登場する人物	소설에 등장하는 인물

한자

観	カン	観光する 관광하다
進	シン すす・む すす・める	進行する 진행하다 仕事が進むⅠ 일이 진행되다 仕事を進めるⅡ 일을 진행하다
客	キャク	客 손님 観客 관객
共	キョウ	共通 공통
満	マン	満員 만원
登	トウ ト のぼ・る	登場する 등장하다 登山 등산 山に登るⅠ 산에 오르다

観光する→ 14회　　進める→ 16회

5회 自然(しぜん)

자연

05

단어 및 표현

★	美(うつく)しい自然(しぜん)	아름다운 자연
★	地球(ちきゅう)が回(まわ)る	지구가 돌다
□	光(ひかり)のエネルギー	빛의 에너지
★	空(そら)の様子(ようす)	하늘의 상태
★	星(ほし)が輝(かがや)く [I] ≒ 光(ひか)る	별이 반짝이다 ≒ 빛나다
□	水(みず)の温度(おんど)	물의 온도
★	気温(きおん)が上(あ)がる	기온이 오르다
★	ガスが発生(はっせい)する	가스가 발생하다
★	空気(くうき)が乾燥(かんそう)する ≒ 乾(かわ)く	공기가 건조하다 ≒ 마르다, 건조하다
□	大(おお)きな波(なみ)	큰 파도
□	水(みず)が流(なが)れる [II]	물이 흐르다
★	海(うみ)に船(ふね)が沈(しず)む [I]	바다에 배가 가라앉다
★	日(ひ)が沈(しず)む [I]	해가 지다
□	海(うみ)にごみが浮(う)く [I]	바다에 쓰레기가 뜨다
★	いろいろなごみが交(ま)ざる [I]	여러 쓰레기가 섞이다
★	木(き)が枯(か)れる [II]	나무가 마르다

한자

한자	읽기	예
美	ビ うつく・しい	美人(びじん) 미인 美(うつく)しい 아름답다
波	なみ	波(なみ) 파도
様	ヨウ さま	様子(ようす) 상황, 모습 ～様(さま)：田中様(たなかさま) ~님 : 다나카 님
流	リュウ なが・れる なが・す	交流(こうりゅう)する 교류하다 水(みず)が流(なが)れる [II] 물이 흐르다 水(みず)を流(なが)す [I] 물을 흘려보내다
星	ほし	星(ほし) 별
浮	う・く う・かぶ	水(みず)に体(からだ)が浮(う)く [I] 물에 몸이 뜨다 雲(くも)が浮(う)かぶ [I] 구름이 뜨다 (떠오르다)
温	オン あたた・かい あたた・まる あたた・める	気温(きおん)、温度(おんど) 기온, 온도 温(あたた)かい 따뜻하다 体(からだ)が温(あたた)まる [I] 몸이 따뜻해지다 体(からだ)を温(あたた)める [II] 몸을 따뜻하게 하다

交流する→8회

6회 健康(けんこう) 건강

06

단어 및 표현

★ 健康(けんこう)に気(き)をつける	건강에 주의하다	□ 元気(げんき)で長生(ながい)きする	건강하게 장수하다
□ 病院(びょういん)の患者(かんじゃ)	병원 환자	□ 命(いのち)を大切(たいせつ)にする	생명을 소중히 여기다
□ 体(からだ)の調子(ちょうし)が悪(わる)い	몸 상태가 나쁘다	□ 汗(あせ)をかく	땀을 흘리다
□ 体温(たいおん)を測(はか)る	체온을 재다	□ 涙(なみだ)を流(なが)す	눈물을 흘리다
★ 熱(ねつ)で、ふらふらする	열 때문에 비틀거리다	□ 子(こ)どもが育(そだ)つ I	아이가 자라다
★ 痛(いた)みを感(かん)じる	통증을 느끼다	□ 子(こ)どもが成長(せいちょう)する	아이가 성장하다
□ 傷(きず)が治(なお)る	상처가 낫다	□ 経済(けいざい)が成長(せいちょう)する	경제가 성장하다
□ 手術(しゅじゅつ)を受(う)ける ➡ 手術(しゅじゅつ)する	수술을 받다 ➡ 수술하다	□ 背(せ)が伸(の)びる II 他 伸(の)ばす	키가 자라다 타 펴다, 늘리다
□ 健康(けんこう)が回復(かいふく)する	건강이 회복되다	★ 姿勢(しせい)がいい	자세가 좋다

한자

健	ケン	健康(けんこう) 건강	汗	あせ	汗(あせ) 땀
痛	ツウ いた・い いた・む	頭痛(ずつう) 두통 痛(いた)い 아프다 痛(いた)む I 아프다 痛(いた)み 아픔, 통증	育	イク そだ・つ そだ・てる	教育(きょういく) 교육 子(こ)どもが育(そだ)つ I 아이가 자라다 子(こ)どもを育(そだ)てる II 아이를 키우다
命	メイ ミョウ いのち	生命(せいめい) 생명 寿命(じゅみょう) 수명 命(いのち) 목숨, 생명	成	セイ	成長(せいちょう)する 성장하다

7회 人(ひと)との関係(かんけい) (1) 知(し)り合(あ)う

사람과의 관계 (1) 서로 알게 되다

07

단어 및 표현

□	いい人(ひと)と出会(であ)う Ⅰ	좋은 사람과 만나다
★	森(もり)さんと知(し)り合(あ)う Ⅰ ➲ 知(し)り合(あ)い	모리 씨와 알게 되다 ➲ 아는 사람, 지인
□	趣味(しゅみ)の仲間(なかま)	취미 친구, 동호인
□	全員(ぜんいん)、集(あつ)まる ≒ みんな	전원, 모이다 ≒ 모두
□	恋人(こいびと)を食事(しょくじ)に誘(さそ)う Ⅰ	애인에게 식사하자고 권하다
□	好(この)みに合(あ)わせる Ⅱ	기호에 맞추다
□	直接(ちょくせつ)、人(ひと)と会(あ)う	직접 사람과 만나다
□	本人(ほんにん)と会(あ)う	본인과 만나다
★	(お) 互(たが)いを知(し)る ➲ (お) 互(たが)いに	서로를 이해하다 ➲ 서로
□	鏡(かがみ)で姿(すがた)を見(み)る	거울로 모습을 보다
□	印象(いんしょう)がいい	인상이 좋다
□	態度(たいど)が悪(わる)い	태도가 나쁘다
□	魅力(みりょく)がある	매력이 있다
□	秘密(ひみつ)にする	비밀로 하다
□	他人(たにん)に秘密(ひみつ)を知(し)られる	타인에게 비밀이 알려지다

한자

合	ゴウ	合格(ごうかく)する 합격하다
	あ・う	合(あ)う Ⅰ 맞다, 일치하다 知(し)り合(あ)う Ⅰ 서로 알다
	あ・わせる	合(あ)わせる Ⅱ 맞추다, 합치다
接	セツ	直接(ちょくせつ) 직접 接(せっ)する Ⅰ 접하다, 인접하다
仲	なか	仲間(なかま) 한패(친구), 동료, 동아리 仲(なか)がいい 사이가 좋다
印	イン	印象(いんしょう) 인상
	しるし	印(しるし) 표시
直	チョク	直前(ちょくぜん) 직전
	ジキ	正直(しょうじき)な 정직한
	なお・る	故障(こしょう)が直(なお)る Ⅰ 고장이 수리되다(고쳐지다)
	なお・す	故障(こしょう)を直(なお)す Ⅰ 고장을 수리하다(고치다)
他	タ	他人(たにん) 타인
	ほか	他(ほか)に 그 밖에

合格する→ 11회　正直な→ 26회

8회 人(ひと)との関係(かんけい)(2) 付(つ)き合(あ)う

사람과의 관계 (2) 교제하다

08

단어 및 표현

□ 近所(きんじょ)の人(ひと)と付(つ)き合(あ)うI	이웃과 교제하다	□ 話(はな)す相手(あいて)	이야기하는 상대
□ 買(か)い物(もの)に付(つ)き合(あ)うI	쇼핑에 같이 가다	□ 弱(よわ)い立場(たちば)	약한 입장
□ 留学生(りゅうがくせい)と交流(こうりゅう)する	유학생과 교류하다	□ 人(ひと)の性格(せいかく)	사람의 성격
□ 友人(ゆうじん)と会(あ)う ㊐ 友達(ともだち)	벗과 만나다 ㊐ 친구	★ 人(ひと)の欠点(けってん)	사람의 결점
□ 親友(しんゆう)になる	친구가(절친이) 되다	★ 内緒(ないしょ)にする ㊐ 秘密(ひみつ)	비밀로 하다 ㊐ 비밀
□ 親友(しんゆう)に協力(きょうりょく)する	친구에게 협력하다	□ 友達(ともだち)に自慢(じまん)する	친구에게 자랑하다
□ 親友(しんゆう)を助(たす)けるII	친구를 돕다	□ 人気(にんき)がある	인기가 있다
□ 親(おや)に感謝(かんしゃ)する	부모님에게 감사하다		

한자

交	コウ	交流(こうりゅう)する 교류하다
	ま・ざる	砂(すな)に石(いし)が交(ま)ざるI 모래에 돌이 섞이다
	ま・ぜる	ご飯(はん)に豆(まめ)を交(ま)ぜるII 밥에 콩을 섞다
相	ソウ	相談(そうだん)する 상담(상의)하다
	あい	相手(あいて) 상대, 상대방
協	キョウ	協力(きょうりょく)する 협력하다
欠	ケツ	欠席(けっせき)する 결석하다
	か・く	欠(か)かすI 빠뜨리다
	か・ける	欠(か)けるII 빠지다, 결여되다
助	ジョ	救助(きゅうじょ)する 구조하다
	たす・ける	人(ひと)を助(たす)けるII 사람을 돕다
	たす・かる	人(ひと)が助(たす)かるI 사람이 살아 나다(목숨을 건지다)
点	テン	欠点(けってん) 결점
		点(てん) 점, 점수

7·8

気持(きも)ち (1) ネガティブな感情(かんじょう)

기분 (1) 부정적인 감정

09

단어 및 표현

★	心(こころ)が苦(くる)しい	마음이 괴롭다
★	息(いき)が苦(くる)しい	숨이 답답하다
□	不安(ふあん)になる ➜ 不安(ふあん)な	불안해지다 ➜ 불안한
□	不安(ふあん)を感(かん)じるII	불안을 느끼다
★	不満(ふまん)がある	불만이 있다
□	スピーチで緊張(きんちょう)する	스피치할 때 긴장하다
★	緊張(きんちょう)で、どきどきする	긴장으로 두근거리다
★	おかしなこと ➜ おかしい	이상한 일 ➜ 이상하다
□	不思議(ふしぎ)なことが起(お)こる	불가사의한 일이 일어나다
□	不思議(ふしぎ)に思(おも)う	이상하게 생각하다
★	恐(おそ)ろしい経験(けいけん) ≒ 怖(こわ)い	무서운 경험 ≒ 무섭다
□	必死(ひっし)に逃(に)げる	필사적으로 도망치다
□	将来(しょうらい)のために努力(どりょく)する	장래를 위해 노력하다
□	痛(いた)みを我慢(がまん)する	아픔을 참다
□	勉強(べんきょう)で苦労(くろう)する	공부 때문에 고생하다
□	せっかく来(き)たのに、店(みせ)が閉(し)まっていた	모처럼 왔는데 가게가 닫혀 있었다
□	雨(あめ)で、がっかりした	비 때문에 실망했다

한자

漢字	読み	例
苦	ク くる・しい にが・い	苦労(くろう)する 고생하다 苦(くる)しい 괴롭다 苦(にが)い (맛이) 쓰다
必	ヒツ かなら・ず	必死(ひっし)に 필사적으로 必(かなら)ず 반드시
恐	キョウ おそ・ろしい	恐怖(きょうふ) 공포 恐(おそ)ろしい 두렵다
努	ド つと・める	努力(どりょく)する 노력하다 努(つと)めるII 힘쓰다
怖	フ こわ・い	恐怖(きょうふ) 공포 怖(こわ)い 무섭다
労	ロウ	苦労(くろう)する 고생하다

10회 気持ち(きもち) (2) ポジティブな感情(かんじょう)

기분 (2) 긍정적인 감정

10

단어 및 표현

☐	素敵(すてき)な服(ふく)	멋진 옷
☐	目立(めだ)つⅠ服(ふく)	눈에 띄는 옷
★	楽(らく)な仕事(しごと) ⇔ 大変(たいへん)な	편한 일 ⇔ 힘든
☐	仕事(しごと)が楽(らく)になる	일이 수월해지다
☐	仕事(しごと)に満足(まんぞく)する	일에 만족하다
★	日本(にほん)に関心(かんしん)を持(も)つ ＝ 興味(きょうみ)	일본에 관심을 갖다 ＝ 흥미, 관심
☐	日本語(にほんご)に自信(じしん)を持(も)つ	일본어에 자신감을 갖다
☐	真剣(しんけん)に考(かんが)える ＝ 真面目(まじめ)に	진지하게 생각하다 ＝ 진지하게
☐	試験(しけん)が気(き)になるⅠ 他 気(き)にする	시험이 신경 쓰이다 타 신경을 쓰다
☐	意外(いがい)に簡単(かんたん)だ ➡ 意外(いがい)な／と	의외로 간단하다 ➡ 의외의/의외로
☐	気持(きも)ちが落(お)ち着(つ)くⅠ	기분이 안정되다
☐	落(お)ち着(つ)いた部屋(へや)	차분한 방
★	プレゼントを期待(きたい)する	선물을 기대하다
★	手紙(てがみ)を読(よ)んで感動(かんどう)する ➡ 感動的(かんどうてき)な	편지를 읽고 감동하다 ➡ 감동적인
☐	笑顔(えがお)になる	웃는 얼굴이 되다
★	当然(とうぜん)だと思(おも)う	당연하다고 생각하다

한자

한자	읽기	단어
関	カン	関心(かんしん) 관심 関係(かんけい) 관계
感	カン	感動(かんどう)する 감동하다 感(かん)じるⅡ 느끼다
信	シン	自信(じしん) 자신, 자신감 信(しん)じるⅡ 믿다
笑	わら・う	笑(わら)うⅠ 웃다 笑顔(えがお) 웃는 얼굴 (※특별한 읽기)
落	お・ちる	落(お)ち着(つ)くⅠ 안정되다, 침착하다 かばんが落(お)ちるⅡ 가방이 떨어지다
	お・とす	かばんを落(お)とすⅠ 가방을 떨어뜨리다
然	ゼン ネン	当然(とうぜん) 당연, 당연히 天然(てんねん) 천연

信じる→ 23회

11회 学校(がっこう)

학교

단어 및 표현

	표현	뜻
☐	日本語(にほんご)を学(まな)ぶ Ⅰ ⊜ 勉強(べんきょう)する	일본어를 배우다 ⊜ 공부하다
☐	漢字(かんじ)を間違(まちが)う Ⅰ ➡ 間違(まちが)い	한자를 틀리다 ➡ 실수
★	宿題(しゅくだい)をやり直(なお)す Ⅰ	숙제를 다시 하다
☐	間違(まちが)いを繰(く)り返(かえ)す Ⅰ	실수를 반복하다
☐	宿題(しゅくだい)を提出(ていしゅつ)する ⊜ 出(だ)す	숙제를 제출하다 ⊜ 내다
★	辞書(じしょ)で調(しら)べる Ⅱ	사전에서 찾다
☐	言葉(ことば)の意味(いみ)を理解(りかい)する	말의 의미를 이해하다
★	外国語(がいこくご)を身(み)につける Ⅱ	외국어를 익히다
★	服(ふく)を身(み)につける Ⅱ ⊜ 着(き)る、履(は)く	옷을 몸에 걸치다 ⊜ (옷을) 입다 / (하의·구두 등을) 입다, 신다
★	目標(もくひょう)を立(た)てる	목표를 세우다
☐	試験(しけん)に合格(ごうかく)する	시험에 합격하다
☐	成績(せいせき)がいい	성적이 좋다
☐	大学(だいがく)に進学(しんがく)する	대학에 진학하다
☐	教師(きょうし)になる ⊜ 先生(せんせい)	교사가 되다 ⊜ 선생님
★	生徒(せいと)を指導(しどう)する	학생을 지도하다
☐	クラスを分(わ)ける Ⅱ 自 分(わ)かれる	학급을 나누다 자 나뉘다, 분리되다
☐	学校(がっこう)の先輩(せんぱい)	학교 선배

한자

한자	읽기	단어
返	ヘン かえ・す	返事(へんじ)する 답장(대답)하다 繰(く)り返(かえ)す Ⅰ 반복하다
調	チョウ しら・べる	調子(ちょうし) 상태, 컨디션 調(しら)べる Ⅱ 조사하다
解	カイ と・く と・ける	理解(りかい)する 이해하다 問題(もんだい)を解(と)く Ⅰ 문제를 풀다 問題(もんだい)が解(と)ける Ⅱ 문제가 풀리다
身	シン み	身長(しんちょう) 신장, 키 身(み)につける Ⅱ 습득하다, 몸에 걸치다
格	カク	合格(ごうかく)する 합격하다
師	シ	教師(きょうし) 교사 医師(いし) 의사
指	シ ゆび	指導(しどう)する 지도하다 指(ゆび) 손가락

12회 いろいろな問題(もんだい)

12

여러 가지 문제

단어 및 표현

□ 勉強(べんきょう)に飽(あ)きる Ⅱ	공부에 질리다	★ 道(みち)に迷(まよ)う Ⅰ	길을 헤매다, 길을 잃다
□ 子(こ)どもが いたずらをする	아이가 장난을 치다	★ 就職(しゅうしょく)するか迷(まよ)う Ⅰ	취직을 할지 망설이다
□ 慌(あわ)てて走(はし)る	황급히 뛰다	□ お金(かね)がなくて悩(なや)む Ⅰ	돈이 없어서 고민하다
□ 窓(まど)が割(わ)れて慌(あわ)てる Ⅱ	창문이 깨져서 허둥대다	□ 進学(しんがく)を諦(あきら)める Ⅱ	진학을 포기하다
□ 事故(じこ)を防(ふせ)ぐ Ⅰ	사고를 막다, 방지하다	□ 原因(げんいん)を調査(ちょうさ)する	원인을 조사하다
□ 人(ひと)に迷惑(めいわく)をかける	남에게 폐를 끼치다	□ 調査(ちょうさ)の方法(ほうほう)	조사 방법
□ 人(ひと)のせいにする	남 탓을 하다	★ 方法(ほうほう)を決(き)める Ⅱ	방법을 (결)정하다
□ 約束(やくそく)を破(やぶ)る Ⅰ	약속을 깨다	□ 他(ほか)のやり方(かた)を試(ため)す Ⅰ	다른 방법을 시도하다
□ 紙(かみ)を破(やぶ)る Ⅰ	종이를 찢다	□ 調査(ちょうさ)の結果(けっか)	조사 결과
□ わがままな性格(せいかく)	제멋대로인(버릇없는) 성격	★ 問題(もんだい)を解決(かいけつ)する	문제를 해결하다

한자

迷	メイ まよ・う	迷惑(めいわく) 폐, 민폐, 성가심 道(みち)に迷(まよ)う Ⅰ 길을 헤매다, 길을 잃다	決	ケツ き・まる き・める	解決(かいけつ)する 해결하다 方法(ほうほう)が決(き)まる Ⅰ 방법이 결정되다 方法(ほうほう)を決(き)める Ⅱ 방법을 결정하다
破	やぶ・る やぶ・れる	紙(かみ)を破(やぶ)る Ⅰ 종이를 찢다 紙(かみ)が破(やぶ)れる Ⅱ 종이가 찢어지다	結	ケツ むす・ぶ	結婚(けっこん)する 결혼하다 結(むす)ぶ Ⅰ 묶다, 잇다, 맺다
悩	なや・む	悩(なや)む Ⅰ 고민하다	果	カ	結果(けっか) 결과 果物(くだもの) 과일 (※특별한 읽기)

13회 お金(かね)

돈

13

단어 및 표현

□ 電気代(でんきだい)を支払(しはら)う I ⊜ 払(はら)う	전기 요금을 지불하다 ⊜ 지불하다	□ 旅行(りょこう)の費用(ひよう)	여행 비용
□ 100万円貯金(まんえんちょきん)する	100만 엔 저금하다	□ 合計(ごうけい)1万円(まんえん)	합계 1만 엔
★ お金(かね)をためる II	돈을 모으다	★ 品物(しなもの)を選(えら)ぶ	물건을 고르다
□ 交通費(こうつうひ)を計算(けいさん)する	교통비를 계산하다	□ 給料(きゅうりょう)が上(あ)がる	월급이 오르다
□ 生活費(せいかつひ)を節約(せつやく)する	생활비를 절약하다	★ 家賃(やちん)を払(はら)う	집세를 지불하다
□ お酒(さけ)を販売(はんばい)する	술을 판매하다	★ 税金(ぜいきん)を払(はら)う ➲ ～税(ぜい)	세금을 내다 ➲ ~세
□ 物(もの)の値段(ねだん)	물건 가격	□ 現金(げんきん)で支払(しはら)う	현금으로 지불하다
□ パソコンの価格(かかく)	컴퓨터 가격	□ 電気(でんき)やガスの料金(りょうきん)	전기나 가스 요금
□ お釣(つ)りの金額(きんがく)	거스름돈 금액	□ 授業料(じゅぎょうりょう)を払(はら)う	수업료를 지불하다

한자

払	はら・う	払(はら)う I 돈을 치르다, 지불하다 支払(しはら)う I 지불하다	販	ハン	販売(はんばい)する 판매하다
貯	チョ	貯金(ちょきん)する 저금하다	給	キュウ	給料(きゅうりょう) 급여, 월급
費	ヒ	費用(ひよう) 비용 ～費(ひ)：生活費(せいかつひ) ~비 : 생활비	税	ゼイ	税金(ぜいきん) 세금 ～税(ぜい)：消費税(しょうひぜい) ~세 : 소비세

14회 旅行(りょこう)・交通(こうつう)

여행 · 교통

14

단어 및 표현

☐	車(くるま)で移動(いどう)する	차로 이동하다
★	車(くるま)で通勤(つうきん)する	차로 통근하다
☐	人(ひと)を車(くるま)に乗(の)せるⅡ	사람을 차에 태우다
★	道(みち)が混雑(こんざつ)する	길이 혼잡하다
★	急(いそ)いで行(い)く	서둘러 가다
☐	家(いえ)の前(まえ)に駐車(ちゅうしゃ)する → 駐車場(ちゅうしゃじょう)	집 앞에 주차하다 → 주차장
☐	車(くるま)が道路(どうろ)を走(はし)る	차가 도로를 달리다
☐	道(みち)を横断(おうだん)する	길을 횡단하다
★	横断(おうだん)を禁止(きんし)する	횡단을 금지하다
★	駅(えき)に到着(とうちゃく)する = 着(つ)く ↔ 出発(しゅっぱつ)する	역에 도착하다 = 도착하다 ↔ 출발하다
★	人(ひと)を見送(みおく)るⅠ	사람을 배웅하다
☐	券(けん)を買(か)う = 切符(きっぷ) → ～券(けん)	티켓을 사다 = 표, 티켓 → ~권
★	速(はや)い電車(でんしゃ) ↔ 遅(おそ)い	빠른 전철 ↔ 느리다
☐	景色(けしき)を眺(なが)めるⅡ	경치를 바라보다
☐	町(まち)を観光(かんこう)する	마을을 관광하다
★	予約(よやく)を取(と)り消(け)すⅠ	예약을 취소하다

한자

勤	キン つと・める	通勤(つうきん)する 통근하다 勤(つと)めるⅡ 근무하다
乗	ジョウ の・る の・せる	乗車(じょうしゃ)する 승차하다 乗(の)るⅠ 타다 乗(の)せるⅡ 태우다
路	ロ	道路(どうろ) 도로
横	オウ よこ	横断(おうだん)する 횡단하다 横(よこ) 옆, 가로
禁	キン	禁止(きんし)する 금지하다
到	トウ	到着(とうちゃく)する 도착하다
速	ソク はや・い	速度(そくど) 속도 速(はや)い 빠르다

15

15회 仕事(しごと)(1) 就職(しゅうしょく)する

일 (1) 취직하다

단어 및 표현

□	会社(かいしゃ)に就職(しゅうしょく)する ➲ 就職活動(しゅうしょくかつどう)	회사에 취직하다 ➲ 취직(구직) 활동
□	社員(しゃいん)を募集(ぼしゅう)する	사원을 모집하다
★	有名(ゆうめい)な会社(かいしゃ)に応募(おうぼ)する	유명한 회사에 응모하다
□	面接(めんせつ)を受(う)ける ➲ 面接(めんせつ)する	면접을 보다 ➲ 면접하다
□	好(す)きな職業(しょくぎょう)に就(つ)く ⊜ 仕事(しごと)	좋아하는 직업을 가지다 ⊜ 일, 업무
□	企業(きぎょう)に勤(つと)める ⊜ 会社(かいしゃ)	기업에 근무하다 ⊜ 회사
□	仕事(しごと)で成功(せいこう)する ⇔ 失敗(しっぱい)する	일에서 성공하다 ⇔ 실패하다
★	目的(もくてき)を持(も)つ	목적을 가지다
□	会議室(かいぎしつ)の利用(りよう)を申(もう)し込(こ)むI ➲ 申(もう)し込(こ)み	회의실 이용을 신청하다 ➲ 신청
★	申込書(もうしこみしょ)を出(だ)す	신청서를 내다
□	名前(なまえ)を記入(きにゅう)する	이름을 기입하다
□	申(もう)し込(こ)みの締(し)め切(き)り	신청 마감
□	この国(くに)の産業(さんぎょう)	이 나라의 산업
★	工業(こうぎょう)が発展(はってん)する	공업이 발전하다
★	農業(のうぎょう)が盛(さか)んな国(くに)	농업이 번성한 나라
□	訓練(くんれん)を受(う)ける ➲ 訓練(くんれん)する	훈련을 받다 ➲ 훈련하다

한자

한자	읽기	예
就	シュウ つ・く	就職(しゅうしょく)する 취직하다 仕事(しごと)に就(つ)くI 일자리를 얻다
職	ショク	就職(しゅうしょく)する 취직하다 職業(しょくぎょう) 직업
募	ボ	募集(ぼしゅう)する 모집하다 応募(おうぼ)する 응모하다
農	ノウ	農業(のうぎょう) 농업
訓	クン	訓読(くんよ)み 훈독
練	レン	訓練(くんれん) 훈련 練習(れんしゅう)する 연습하다

16회 仕事(しごと) (2) 工場(こうじょう)

일 (2) 공장

16

단어 및 표현

★	製品(せいひん)が完成(かんせい)する	제품이 완성되다
★	製品(せいひん)の特長(とくちょう)	제품의 특징
□	日本製(にほんせい)のパソコン	일본제 컴퓨터
□	仕事(しごと)を担当(たんとう)する	일을 담당하다
□	仕事(しごと)を任(まか)せるII	일을 맡기다
★	指示(しじ)を受(う)ける ➡ 指示(しじ)する	지시를 받다 ➡ 지시하다
□	三人(さんにん)で作業(さぎょう)する	세 명이서 작업하다
□	作業(さぎょう)を進(すす)めるII 自 進(すす)む	작업을 진행하다 자 나아가다, 진행되다
□	機械(きかい)を使用(しよう)する ≒ 使(つか)う	기계를 사용하다 ≒ 쓰다, 사용하다
□	機械(きかい)を修理(しゅうり)する ≒ 直(なお)す	기계를 수리하다 ≒ 고치다
□	技術(ぎじゅつ)が進歩(しんぽ)する	기술이 진보되다
★	安全(あんぜん)を確(たし)かめるII ≒ 確認(かくにん)する	안전을 확인하다 ≒ 확인하다
□	温度(おんど)を調節(ちょうせつ)する	온도를 조절하다
□	ごみを処理(しょり)する	쓰레기를 처리하다
★	作業(さぎょう)のやり方(かた) ≒ 方法(ほうほう)	작업 방법 ≒ 방법
★	移動(いどう)の手段(しゅだん) ≒ 方法(ほうほう)	이동 수단 ≒ 방법

한자

製	セイ	製品(せいひん) 제품 ～製(せい)：日本製(にほんせい) ~제 : 일본제
完	カン	完成(かんせい)する 완성하다 完全(かんぜん)に 완전히
任	ニン まか・せる	責任(せきにん) 책임 任(まか)せるII 맡기다
示	ジ しめ・す	指示(しじ) 지시 示(しめ)すI 가리키다
処	ショ	処理(しょり)する 처리하다
段	ダン	手段(しゅだん) 수단 階段(かいだん) 계단

完全に→ 27회　責任→ 17회

17회 仕事(しごと)(3) オフィス

일 (3) 오피스

17

단어 및 표현

□ 会社(かいしゃ)を経営(けいえい)する	회사를 경영하다	★ 仕事(しごと)を済(す)ませる II 自 済(す)む	일을 끝내다 자 끝나다
□ 店(みせ)を営業(えいぎょう)する	가게를 영업하다	□ 情報(じょうほう)を集(あつ)める	정보를 모으다
□ オフィスで働(はたら)く ≒ 事務所(じむしょ)	사무실에서 일하다 ≒ 사무실	□ 書類(しょるい)を整理(せいり)する	서류를 정리하다
□ 事務(じむ)の仕事(しごと)をする	사무를 보다	□ 能力(のうりょく)がある	능력이 있다
★ 海外(かいがい)へ出張(しゅっちょう)する	해외로 출장 가다	□ 責任(せきにん)がある	책임이 있다
□ 会社(かいしゃ)の同僚(どうりょう)	회사 동료	★ 休(やす)みを申請(しんせい)する	휴가를 신청하다
□ 会社(かいしゃ)に遅刻(ちこく)する ≒ 遅(おく)れる	회사에 지각하다 ≒ 늦다	□ 申請(しんせい)の手続(てつづ)きをする	신청 절차를 밟다
★ 仕事(しごと)を引(ひ)き受(う)ける II	일을 (떠)맡다	□ 休暇(きゅうか)を取(と)る ≒ 休(やす)み	휴가를 내다 ≒ 휴가, 휴식, 방학

한자

経	ケイ	経済(けいざい) 경제 経営(けいえい)する 경영하다	引	ひ・く	引(ひ)く I 끌다 引(ひ)き受(う)ける II (떠)맡다
営	エイ	経営(けいえい)する 경영하다 営業(えいぎょう)する 영업하다	受	ジュ う・ける	受験(じゅけん)する 입시를 치르다 응시하다 教育(きょういく)を受(う)ける II 교육을 받다
務	ム つと・める	事務(じむ) 사무 ガイドを務(つと)める II 가이드를 맡다	能	ノウ	能力(のうりょく) 능력 才能(さいのう) 재능
遅	チ おく・れる おそ・い	遅刻(ちこく)する 지각하다 遅(おく)れる II 늦다 遅(おそ)い 늦다			

18회 どのぐらい？

어느 정도？

단어 및 표현

★ 水(みず)の量(りょう)	물의 양	□ 人口(じんこう)が増加(ぞうか)する	인구가 증가하다
□ コップ1杯程度(ぱいていど)の水(みず)	컵 1잔 정도의 물	□ 最高(さいこう)に楽(たの)しい	최고로 즐겁다
★ 大量(たいりょう)の水(みず)	대량의 물	□ 最低(さいてい)な男(おとこ)	최악의(형편없는) 남자
□ 数(かず)を数(かぞ)える II	수를 세다	□ 最高気温(さいこうきおん)	최고 기온
★ 約半分(やくはんぶん)の数(かず)	약 반(정도)의 수	□ 最低気温(さいていきおん)	최저 기온
□ 数(かず)が倍(ばい)になる ➡ ～倍(ばい)	수가 배가 되다 ➡ ~배	□ 平均気温(へいきんきおん)	평균 기온
★ 数(かず)が減(へ)る I ⬌ 増(ふ)える	수가 줄다 ⬌ 늘다, 증가하다	□ 壁全体(かべぜんたい)	벽 전체
★ お金(かね)が余(あま)る I	돈이 남다	□ 壁(かべ)の下(した)の部分(ぶぶん)	벽 아래 부분
★ 人口(じんこう)が減少(げんしょう)する	인구가 감소하다	□ 全体(ぜんたい)の半分(はんぶん)を占(し)める II	전체의 반을 차지하다

한자

量	リョウ はか・る	量(りょう) 양 量(はか)る I 재다	減	ゲン へ・る へ・らす	減少(げんしょう)する 감소하다 数(かず)が減(へ)る I 수가 줄다 数(かず)を減(へ)らす I 수를 줄이다
数	スウ かず かぞ・える	数字(すうじ) 숫자 数(かず) 수 数(かぞ)える II 세다	増	ゾウ ふ・える ふ・やす ま・す	増加(ぞうか)する 증가하다 数(かず)が増(ふ)える II 수가 증가하다 数(かず)を増(ふ)やす I 수를 늘리다 増(ま)す I 늘다, 늘리다
約	ヤク	約(やく)～ 약~ 節約(せつやく)する 절약하다	部	ブ	部分(ぶぶん) 부분 部屋(へや) 방 (※특별한 읽기)

19회 場所(ばしょ)

장소

19

단어 및 표현

□	椅子(いす)を置(お)く位置(いち)	의자를 놓는 위치
★	椅子(いす)の向(む)き	의자의 방향
★	間隔(かんかく)を空(あ)ける	간격을 두다
□	窓側(まどがわ)に椅子(いす)を置(お)く	창 쪽에 의자를 놓다
★	道(みち)に迷(まよ)って うろうろする	길을 잃고 갈팡질팡하다
★	町(まち)をぶらぶら（と）する	거리를 어슬렁어슬렁 걷다
★	手(て)をぶらぶら（と）させる	손을 흔들어 대다
★	店(みせ)ががらがらだ	가게가 텅텅 비다
★	声(こえ)ががらがらだ	목이 쉬다(잠기다)
□	辺(あた)りが暗(くら)くなる	주위가 어두워지다
□	日本(にほん)の首都(しゅと)	일본 수도
□	この地方(ちほう)の習慣(しゅうかん)	이 지방의 습관(관습)
□	地方(ちほう)の出身(しゅっしん)	지방 출신
□	都会(とかい)で暮(く)らす	도시에 살다
★	列(れつ)に並(なら)ぶ	줄을 서다
□	2列目(れつめ)の席(せき)	두 번째 열의 자리
□	地下(ちか)の駐車場(ちゅうしゃじょう)	지하 주차장

한자

한자	읽기	예
位	イ くらい	～位(い)：1位(い) ~위 : 1위 位(くらい) 정도
置	チ お・く	位置(いち) 위치 置(お)く Ⅰ 놓다, 두다
向	コウ む・く む・ける む・かう	方向(ほうこう) 방향 前(まえ)を向(む)く Ⅰ 앞을 향하다 向(む)き 방향 首(くび)を右(みぎ)に向(む)けるⅡ 고개를 오른쪽으로 돌리다 駅(えき)に向(む)かう Ⅰ 역으로 향하다
首	シュ くび	首都(しゅと) 수도 首(くび) 목, 고개
都	ト	首都(しゅと) 수도 都会(とかい) 도시
列	レツ	列(れつ) 열 ～列(れつ)：2列(れつ) ~열 : 2열

20회 時間(じかん)

시간

20

단어 및 표현

□ 今(いま)の時刻(じこく) ➡ 時刻表(じこくひょう)	지금 시각 ➡ 시각표, 시간표	□ 休日(きゅうじつ)に テニスをする	휴일에 테니스를 치다
□ 時間(じかん)がたつ Ⅰ ＝ 過(す)ぎる	시간이 지나다 ＝ 지나다	□ 試験(しけん)の当日(とうじつ)	시험 당일
★ 夜(よる)が明(あ)ける Ⅱ	날이 밝다(새다)	□ 当時(とうじ)の技術(ぎじゅつ)	당시의 기술
□ 長(なが)い期間(きかん)	긴 기간, 장기간	★ 最新(さいしん)の技術(ぎじゅつ)	최신 기술
□ 長期(ちょうき)の休暇(きゅうか)	장기 휴가	□ 過去(かこ)の経験(けいけん)	과거의 경험
□ 短期(たんき)のアルバイト ⇔ 長期(ちょうき)	단기 아르바이트 ⇔ 장기	□ 現在(げんざい)の自分(じぶん)	현재의 자신
★ 仕事(しごと)をおしまいにする	일을 끝내다	★ 未来(みらい)の世界(せかい)	미래의 세계
□ 平日(へいじつ)に働(はたら)く	평일에 일하다	□ 今後(こんご)の計画(けいかく) ＝ これから	앞으로의 계획 ＝ 지금부터, 앞으로

한자

刻	コク きざ・む	時刻(じこく) 시각 刻(きざ)む Ⅰ 잘게 썰다, 새기다	最	サイ もっと・も	最新(さいしん) 최신 最(もっと)も 가장, 제일
期	キ	期間(きかん) 기간 長期(ちょうき) 장기	現	ゲン あらわ・れる	現在(げんざい) 현재 現(あらわ)れる Ⅱ 나타나다
短	タン みじか・い	短期(たんき) 단기 短(みじか)い 짧다	未	ミ	未来(みらい) 미래

21회

動詞(どうし)(1) いくつかの意味(いみ)があることば

동사 (1) 몇 개의 의미가 있는 말

21

단어 및 표현

つく I	□ 車(くるま)に傷(きず)が付(つ)く	차에 상처가 나다
	□ 電気(でんき)がつく	불이(전기가) 켜지다
	□ 都合(つごう)が付(つ)く	형편이 닿다(되다)
出(で)る II	□ 家(いえ)から外(そと)に出(で)る	집에서 밖으로 나가다
	□ 授業(じゅぎょう)に出(で)る ≒ 出席(しゅっせき)する	수업에 나가다 ≒ 출석하다
	□ 大学(だいがく)を出(で)る ≒ 卒業(そつぎょう)する	대학을 나오다 ≒ 졸업하다
配(くば)る I	□ パンを配(くば)る	빵을 나누어 주다
	□ 気(き)を配(くば)る	마음을 쓰다, 배려하다
取(と)る I	□ 本棚(ほんだな)から本(ほん)を取(と)る	책장에서 책을 집다
	□ 汚(よご)れを取(と)る	더러움을 제거하다
	□ 連絡(れんらく)を取(と)る	연락을 취하다
	□ コピーを取(と)る	복사를 하다
立(た)てる II	□ 目標(もくひょう)を立(た)てる	목표를 세우다
	□ 本(ほん)を立(た)てる	책을 세우다
かける II	□ 毛布(もうふ)をかける	담요를 덮다
	□ アイロンをかける	다림질을 하다
	□ 音楽(おんがく)をかける	음악을 틀다

	□ 声(こえ)をかける	말을 걸다
	□ 鍵(かぎ)をかける	자물쇠를 채우다, 문을 잠그다
	□ 迷惑(めいわく)をかける	폐를 끼치다
振(ふ)る I	□ 手(て)を振(ふ)る	손을 흔들다
	□ 彼(かれ)を振(ふ)る	그를 차다, 그와 관계를 끊다
当(あ)たる I	□ ボールが窓(まど)に当(あ)たる	볼이 창문에 부딪히다
	□ 天気予報(てんきよほう)が当(あ)たる	일기 예보가 (들어)맞다

한자

付	フ つ・く つ・ける	付近(ふきん) 부근 色(いろ)が付(つ)く I 물이 들다 色(いろ)を付(つ)ける II 물을 들이다	窓	まど	窓(まど) 창, 창문
配	ハイ くば・る	配達(はいたつ)する 배달하다 心配(しんぱい)する 걱정하다 配(くば)る I 나누어 주다	当	トウ あ・たる あ・てる	当然(とうぜん) 당연(히) ボールが当(あ)たる I 공이 부딪히다 ボールを当(あ)てる II 공을 맞추다
取	と・る	本(ほん)を取(と)る I 책을 집다 ボタンが取(と)れる II 단추가 떨어지다			

21

22회 動詞(どうし) (2)

동사 (2)

22

단어 및 표현

□	手(て)を握(にぎ)る I	손을 잡다
□	手(て)を放(はな)す I	손을 놓다
□	手(て)をこする I	손을 비비다
□	手(て)で顔(かお)を隠(かく)す I	손으로 얼굴을 가리다
□	手(て)をたたく I	손뼉을 치다
★	答(こた)えを〇で囲(かこ)む I	답을 동그라미 치다 (싸다, 둘러싸다)
★	手紙(てがみ)を受(う)け取(と)る I	편지를 수취하다(받다)
□	窓(まど)から離(はな)れる II	창문에서 떨어지다 (멀어지다, 벗어나다)
□	穴(あな)を掘(ほ)る I	구멍을 파다
★	穴(あな)を埋(う)める II ⇔ 掘(ほ)る	구멍을 메우다(막다) ⇔ 파다, 뚫다
★	膝(ひざ)を曲(ま)げる II 自 曲(ま)がる	무릎을 구부리다 자 구부러지다
□	足(あし)を組(く)む I	다리를 꼬다
★	道(みち)で転(ころ)ぶ I	길에서 넘어지다
□	身(み)を守(まも)る I	몸을 지키다
□	約束(やくそく)を守(まも)る I ⇔ 破(やぶ)る	약속을 지키다 ⇔ 깨다

한자

顔	かお	顔(かお) 얼굴 笑顔(えがお) 웃는 얼굴 (※특별한 읽기)
転	テン ころ・ぶ	自転車(じてんしゃ) 자전거 転(ころ)ぶ I 넘어지다, 구르다
曲	キョク ま・がる ま・げる	曲(きょく) 곡 道(みち)を曲(ま)がる I 길을(모퉁이를) 돌다 膝(ひざ)を曲(ま)げる II 무릎을 구부리다
守	ス まも・る	留守(るす) 집을 비움, 부재중 守(まも)る I 지키다
組	ソ く・む くみ	組織(そしき) 조직 組(く)む I 구성하다, 짜다 ～組(くみ)：二組(ふたくみ)に分(わ)かれる ~조, ~반(학급) : 두 조로 나뉘다
束	ソク たば	約束(やくそく) 약속 紙(かみ)の束(たば) 종이 묶음

23회 考える(かんが) 생각하다

23

단어 및 표현

□ 考えをまとめる ⊜ 意見	생각을 정리하다 ⊜ 의견	□ 間違いを認める Ⅱ	실수를 인정하다
★ 意見を主張する	의견을 주장하다	□ 訳を説明する ⊜ 理由	이유를 설명하다 ⊜ 이유
★ アイディアを出す	아이디어를 내다	□ 彼を疑う Ⅰ	그를 의심하다
□ 案を出す ⊜ アイディア	안을 내다 ⊜ 아이디어	□ 彼を信じる Ⅱ ⇔ 疑う	그를 믿다 ⇔ 의심하다
□ 悩みを話す ➡ 悩む	고민을 이야기하다 ➡ 고민하다	★ 彼を許す Ⅰ	그를 용서하다
□ 話の内容	이야기의 내용	□ 留学を決心する	유학을 결심하다
★ 話に集中する	이야기에 집중하다	□ 意志を持つ	의지를 가지다
□ うっかりして、忘れる	깜박 잊다	□ 未来を想像する	미래를 상상하다
□ うっかり(と)間違える	무심코 틀리다		

한자

案	アン	案(あん) 안 案外(あんがい) 예상 외, 뜻밖에	訳	ヤク わけ	訳す(やく) Ⅰ 번역하다 訳(わけ) 사정, 이유
内	ナイ うち	案内する(あんない) 안내하다 内側(うちがわ) 안쪽, 내면	疑	ギ うたが・う	疑問(ぎもん) 의문 疑う(うたが) Ⅰ 의심하다
容	ヨウ	内容(ないよう) 내용	許	キョ ゆる・す	許可する(きょか) 허가하다 許す(ゆる) Ⅰ 허락하다, 용서하다

24회 話す（はなす） 말하다

24

단어 및 표현

□	二人で話し合う（ふたりではなしあう）Ⅰ	둘이서 이야기하다
★	結果を報告する（けっかをほうこくする）	결과를 보고하다
★	結果を発表する（けっかをはっぴょうする）	결과를 발표하다
★	先輩に（せんぱいに）インタビューする	선배에게 인터뷰하다
★	うわさをする	소문을 내다 남의 이야기를 하다
★	ユーモアがある	유머가 있다
★	冗談を言う（じょうだんをいう）	농담을 하다
□	気持ちを言葉で表す（きもちをことばであらわす）Ⅰ	기분을 말로 표현하다
★	デートの誘いを断る（デートのさそいをことわる）Ⅰ	데이트 제안을 거절하다
★	親友を慰める（しんゆうをなぐさめる）Ⅱ	친구를 위로하다
□	遠くから呼びかける（とおくからよびかける）Ⅱ	멀리서 부르다
□	協力を呼びかける（きょうりょくをよびかける）Ⅱ	협력을 호소하다
□	誰かが叫ぶ声（だれかがさけぶこえ）Ⅰ	누군가가 외치는 목소리
★	ぺらぺら（と）話す（はなす）	술술 이야기하다
★	英語がぺらぺらだ（えいごがぺらぺらだ） ⊜（外国語が）上手だ（がいこくごがじょうずだ）	영어가 유창하다 ⊜（외국어를）잘하다
★	小声で話す（こごえではなす）	작은 소리로 이야기하다
□	大声で呼ぶ（おおごえでよぶ） ⇔ 小声（こごえ）	큰 소리로 부르다 ⇔ 작은 소리
□	怖い声で怒鳴る（こわいこえでどなる）Ⅰ	무서운 목소리로 호통치다

한자

한자	읽기	예
告	コク	報告する（ほうこくする） 보고하다
表	ヒョウ	表現する（ひょうげんする） 표현하다 発表する（はっぴょうする） 발표하다
	あらわ・す	表す（あらわす）Ⅰ 나타내다
	おもて	表（おもて） 표면, 겉
断	ダン	横断する（おうだんする） 횡단하다
	ことわ・る	断る（ことわる）Ⅰ 거절하다
叫	さけ・ぶ	叫ぶ（さけぶ）Ⅰ 외치다
声	こえ	声（こえ） 소리, 목소리 大声（おおごえ） 큰 목소리
呼	よ・ぶ	呼ぶ（よぶ）Ⅰ 부르다 呼びかける（よびかける）Ⅱ 부르다, 호소하다
怒	ド	怒鳴る（どなる）Ⅰ 고함치다, 호통치다
	おこ・る	怒る（おこる）Ⅰ 화내다

25회 い形容詞(けいようし)

い형용사

25

단어 및 표현

□ おとなしい人(ひと)	얌전한 사람
□ 賢(かしこ)い人(ひと)	영리한 사람
★ 親(した)しい人(ひと)	친한 사람
□ 貧(まず)しい生活(せいかつ)	가난한 생활
★ きつい靴(くつ)	꽉 끼는 신발
★ きつい仕事(しごと)	고된 일
□ 緩(ゆる)い服(ふく)	헐렁한 옷
□ 緩(ゆる)い坂道(さかみち)	완만한 언덕길
□ 鋭(するど)い音(おと)	날카로운 소리
□ 鋭(するど)いナイフ	날카로운 칼
□ 詳(くわ)しい説明(せつめい)	자세한 설명
□ 濃(こ)い色(いろ) ⇔ 薄(うす)い	짙은 색 ⇔ 옅다
□ 濃(こ)いひげ ⇔ 薄(うす)い	덥수룩한 수염 ⇔ 듬성하다
□ 激(はげ)しい雨(あめ)	세찬(거센) 비
★ まぶしい光(ひかり)	눈부신 빛
□ 彼(かれ)が羨(うらや)ましい	그가 부럽다
□ 試合(しあい)に負(ま)けて悔(くや)しい	시합에 져서 분하다

한자

賢	かしこ・い	賢(かしこ)い 영리하다
貧	まず・しい	貧(まず)しい 가난하다
活	カツ	生活(せいかつ) 생활 活動(かつどう)する 활동하다
鋭	するど・い	鋭(するど)い 날카롭다, 예리하다
濃	ノウ こ・い	濃度(のうど) 농도 濃(こ)い 진하다
負	フ ま・ける	負担(ふたん) 부담 負(ま)けるⅡ 지다

24·25

26회 な形容詞(けいようし)など

な형용사 등

26

단어 및 표현

★ あらゆる方法(ほうほう)	온갖 방법	★ 単純(たんじゅん)な問題(もんだい)	단순한 문제
★ 確実(かくじつ)な方法(ほうほう)	확실한 방법	★ 複雑(ふくざつ)な問題(もんだい)	복잡한 문제
☐ 確(たし)かな情報(じょうほう)	확실한 정보	☐ シンプルな服(ふく)	심플한 옷
☐ 確(たし)か、彼(かれ)は休(やす)みだ。	분명, 그는 휴가이다	★ 地味(じみ)な服(ふく) ⇔ 派手(はで)な	수수한 옷 ⇔ 화려한
★ 面倒(めんどう)な仕事(しごと) ⇔ 楽(らく)な	성가신 일 ⇔ 편안한	★ 正直(しょうじき)な人(ひと) ➡ 正直(しょうじき)に	정직한 사람 ➡ 솔직히
☐ 主(おも)な仕事(しごと)	주된 업무	★ 素直(すなお)な人(ひと)	고분고분한 사람 순수한 사람
★ 急(きゅう)な用事(ようじ)	급한 용무	☐ 新鮮(しんせん)な野菜(やさい)	신선한 야채(채소)
★ 急(きゅう)な坂(さか) ⇔ 緩(ゆる)い	가파른 언덕 ⇔ 완만하다	☐ 豊(ゆた)かな生活(せいかつ) ⇔ 貧(まず)しい ➡ 豊(ゆた)かに	윤택한 생활 ⇔ 가난하다 ➡ 풍부하게
★ 重大(じゅうだい)な問題(もんだい)	중대한 문제		

한자

実	ジツ み	確実(かくじつ)な 확실한 実(み) 열매	
複	フク	複雑(ふくざつ)な 복잡한 複数(ふくすう) 복수	
単	タン	簡単(かんたん)な 간단한 単語(たんご) 단어	
雑	ザツ	複雑(ふくざつ)な 복잡한 混雑(こんざつ)する 혼잡하다	
純	ジュン	単純(たんじゅん)な 단순한	
豊	ホウ ゆた・か	豊富(ほうふ)な 풍부한 豊(ゆた)かな 풍족한, 윤택한	

27회 副詞(ふくし) (1)

부사 (1)

단어 및 표현

★	なるべく静(しず)かにする ⊜ できるだけ	되도록 조용히 하다 ⊜ 가능한 한
★	そっとドアを開(あ)ける ⊜ 静(しず)かに	살며시 문을 열다 ⊜ 조용히
☐	全(まった)く気(き)がつかない ⊜ ぜんぜん	전혀 눈치 못 채다 ⊜ 전혀
★	中身(なかみ)をそっくり入(い)れ替(か)える ⊜ 全部(ぜんぶ)	내용물을 전부 바꿔 넣다 ⊜ 전부
★	子(こ)どもなのに、ずいぶん大(おお)きい	아이인데 꽤 크다
☐	料理(りょうり)を全(すべ)て食(た)べる ⊜ 全部(ぜんぶ)	요리를 다 먹다 ⊜ 전부
☐	パンがたった一(ひと)つだけ残(のこ)る	빵이 겨우 한 개만 남다
☐	絶対(ぜったい)（に）酒(さけ)を飲(の)まない	절대(로) 술을 마시지 않는다
☐	仕事(しごと)が順調(じゅんちょう)に進(すす)む	일이 순조롭게 진행되다
☐	仕事(しごと)が完全(かんぜん)に終(お)わる	일이 완전히 끝나다
☐	さすが山本(やまもと)さんだ	과연 야마모토 씨이다
☐	さっぱりわからない ⊜ 全(まった)く、ぜんぜん	도무지 모르겠다 ⊜ 전혀, 조금도
☐	顔(かお)を洗(あら)ってさっぱりする	세수를 하고 개운해지다
★	横(よこ)になって、そのまま寝(ね)る	누웠다가 그대로 자다
★	見(み)たことをそのまま話(はな)す	본 것을 그대로 이야기하다
☐	ぼんやり（と）外(そと)を眺(なが)める	멍하니 밖을 응시하다
☐	一日中(いちにちじゅう)うちにいた。つまり、外(そと)に出(で)ていない	하루 종일 집에 있었다. 즉, 밖에 나가지 않았다
☐	簡単(かんたん)に言(い)うとつまり、こういうことだ	간단히 말하자면 즉, 이러한 것이다
★	自動的(じどうてき)にドアが開(ひら)く	자동(적)으로 문이 열리다
★	積極的(せっきょくてき)に参加(さんか)する ➡ 積極的(せっきょくてき)な	적극적으로 참가하다 ➡ 적극적인

한자

한자	읽기	단어
全	ゼン まった・く すべ・て	完全(かんぜん)に 완전히 全(まった)く 전혀 全(すべ)て 전부, 모두
寝	シン ね・る	寝室(しんしつ) 침실 寝(ね)るⅡ 자다
絶	ゼツ た・つ	絶対(ぜったい)に 절대로 連絡(れんらく)を絶(た)つⅠ 연락을 끊다
的	テキ	～的(てき)：自動的(じどうてき)に ~적 : 자동(적)으로 目的(もくてき) 목적
順	ジュン	順調(じゅんちょう)に 순조롭게 順番(じゅんばん) 순번, 차례

28회 副詞 (2)

부사 (2)

28

단어 및 표현

★	喉がからからに渇く	목이 바짝 마르다
□	からから（と）音がする	달그락달그락 소리가 나다
★	ドアをとんとん（と）たたく	문을 탕탕 두드리다
□	ばらばら（と）石が落ちて来る	우수수 돌이 떨어지다
□	意見がばらばらに分かれる	의견이 제각각으로 나뉘다
□	たまたま友達に会う ≒ 偶然	우연히 친구를 만나다 ≒ 우연(히)
□	家がぐらぐら（と）揺れる	집이 흔들흔들 흔들리다
□	お湯がぐらぐら（と）沸く	물이 펄펄 끓다
□	突然、雨が降りだす ≒ 急に	갑자기 비가 내리기 시작하다 ≒ 갑자기
□	雨がますます強くなる	비가 점점 강해지다
□	雨はまだまだ止まない	비는 아직도 그치지 않는다
□	いよいよお祭りが始まる	드디어 축제가 시작되다
□	まあまあ面白い	그런대로 재미있다
□	以前、行ったことがある店	이전(에) 간 적이 있는 가게
□	今回は、別の店に行く	이번에는 다른 가게로 가다
□	ようやく店に着く ≒ やっと	마침내 가게에 도착하다 ≒ 드디어
□	12時をとっくに過ぎる	12시를 훨씬 지나다 12시를 훌쩍 넘기다
★	早速、料理を注文する	즉시 요리를 주문하다
□	次々（と／に）料理が出てくる	잇따라 음식이 나오다

한자

石	セキ いし	石油 석유 石 돌	以	イ	以前 이전 以内 이내
沸	フツ わ・く わ・かす	沸騰する (물이) 끓어오르다 お湯が沸く I 물이 끓다 お湯を沸かす I 물을 끓이다	回	カイ まわ・る まわ・す	今回 이번, 이번에 椅子が回る I 의자가 돌다 腕を回す I 팔을 돌리다
突	トツ つ・く	突然 돌연, 갑자기 突く I 찌르다	次	ジ つぎ	次回 다음, 다음에 次 다음 次々 차례차례(잇따라)

29회 カタカナの言葉(ことば)(1)

가타카나 단어 (1)

29

단어 및 표현

□ 新生活(しんせいかつ)がスタートする	새로운 생활이 시작되다
□ 新(あたら)しい店(みせ)がオープンする	새 가게가 문을 열다
□ 何(なん)でもオープンに話(はな)す	무엇이든 터놓고 이야기하다
□ サービスがいい ➡ サービスする	서비스가 좋다 ➡ 서비스하다
□ メッセージを伝(つた)える	메시지를 전하다
□ 外国語(がいこくご)でコミュニケーションを取(と)る	외국어로 의사소통을 하다
□ 日本語(にほんご)でスピーチする	일본어로 연설하다
□ スピーチのテーマ	스피치(연설) 테마
□ オーバーな話(はな)し方(かた)	과장된 말투
□ 時間(じかん)をオーバーする	시간을 오버(초과)하다
□ チャンスがある ≒ 機会(きかい)	찬스가 있다 ≒ 기회
□ 旅行(りょこう)のプラン ≒ 計画(けいかく)	여행 플랜 ≒ 계획
□ 予約(よやく)をキャンセルする ≒ 取(と)り消(け)す	예약을 캔슬하다 ≒ 취소하다
□ 二(ふた)つのグループに分(わ)かれる	두 그룹으로 나뉘다
□ 旅行(りょこう)のコース	여행 코스
□ コース(の)料理(りょうり)を頼(たの)む	코스 요리를 부탁하다 (주문하다)
□ コーヒーとケーキのセット	커피와 케이크 세트
□ 甘(あま)いクリーム	달콤한 크림

한자

伝	デン	伝統(でんとう) 전통
	つた・わる	話(はなし)が伝(つた)わる Ⅰ 이야기가 전해지다
	つた・える	話(はなし)を伝(つた)える Ⅱ 이야기를 전하다
消	ショウ	消防車(しょうぼうしゃ) 소방차
	き・える	火(ひ)が消(き)える Ⅱ 불이 꺼지다
	け・す	火(ひ)を消(け)す Ⅰ 불을 끄다 取(と)り消(け)す Ⅰ 취소하다
機	キ	機会(きかい) 기계 〜機(き)：コピー機(き) ~기 : 복사기
頼	ライ	依頼(いらい)する 의뢰하다
	たの・む	頼(たの)む Ⅰ 부탁하다
	たよ・る	頼(たよ)る Ⅰ 의지하다
予	ヨ	予約(よやく) 예약 予定(よてい) 예정
甘	あま・い	甘(あま)い 달다

28·29

30회 カタカナの言葉(ことば)(2)

가타카나 단어 (2)

30

단어 및 표현

□ テニスのコーチ	테니스 코치
□ トレーニング（を）する	트레이닝(훈련)을 하다
□ タオルで汗(あせ)を拭(ふ)く	타월(수건)로 땀을 닦다
□ サッカーのゲーム ≒ 試合(しあい)	축구 게임 ≒ 시합
□ ゲームで遊(あそ)ぶ	게임으로 놀다
□ サッカーのチーム	축구 팀
□ チームのキャプテン	팀의 캡틴(주장)
□ 車(くるま)のエンジン	자동차 엔진
□ スピードを出(だ)す	스피드(속도)를 내다
□ トラブルが起(お)こる	트러블(분쟁, 고장)이 발생하다
□ 服(ふく)のデザイン	옷의 디자인
□ 服(ふく)のカタログ	옷의 카탈로그(상품 목록)
□ 髪(かみ)の毛(け)をカットする ≒ 切(き)る	머리를 커트하다 ≒ 자르다
□ 欠点(けってん)をカバーする	결점을 커버하다
□ 枕(まくら)（の）カバー	베개 커버
□ 日本人(にほんじん)のイメージ ≒ 印象(いんしょう)	일본인의 이미지 ≒ 인상
□ 映画(えいが)のチケット ≒ 切符(きっぷ)	영화 티켓 ≒ 표
□ ドラマを見(み)る	드라마를 보다

한자

遊	ユウ あそ・ぶ	遊園地(ゆうえんち) 유원지, 놀이공원 遊(あそ)ぶ I 놀다
象	ショウ	印象(いんしょう) 인상
毛	モウ け	毛布(もうふ) 모포, 담요 髪(かみ)の毛(け) 머리카락
画	ガ カク	映画(えいが) 영화 計画(けいかく)する 계획하다

색인 한자(읽기)

색인 한자(획수)

각 회의 삽화

1회	琵琶湖(びわこ) 비와코(호수)	(滋賀県)(しがけん) 시가현
2회	信楽焼(しがらきやき) 시가라키야키(도자기)	(滋賀県)(しがけん) 시가현
3회	鈴鹿(すずか)サーキット 스즈카 서킷(레이싱 서킷)	(三重県)(みえけん) 미에현
4회	伊勢志摩(いせしま)の真珠(しんじゅ) 이세시마 진주	(三重県)(みえけん) 미에현
5회	奈良公園(ならこうえん)の鹿(しか) 나라공원의 사슴	(奈良県)(ならけん) 나라현
6회	東大寺(とうだいじ)の大仏(だいぶつ) 도다이 절의 대불	(奈良県)(ならけん) 나라현
7회	梅干(うめぼ)し 매실 장아찌	(和歌山県)(わかやまけん) 와카야마현
8회	たこ焼(や)き・通天閣(つうてんかく) 다코야키·쓰텐카쿠(고탑)	(大阪府)(おおさかふ) 오사카부
9회	漫才(まんざい) 만담	(大阪府)(おおさかふ) 오사카부
10회	五山(ござん)の送(おく)り火(び) 고잔의 오쿠리비 (문전에서 피우는 불)	(京都府)(きょうとふ) 교토부
11회	舞妓(まいこ) 마이코(소녀 게이샤)	(京都府)(きょうとふ) 교토부
12회	姫路城(ひめじじょう) 히메지 성	(兵庫県)(ひょうごけん) 효고현
13회	神戸港(こうべこう) 고베항(항구)	(兵庫県)(ひょうごけん) 효고현
14회	鳴門海峡(なるとかいきょう) 나루토 해협	(徳島県)(とくしまけん) 도쿠시마현
15회	阿波踊(あわおど)り 아와오도리(민속 무용 축제)	(徳島県)(とくしまけん) 도쿠시마현
16회	坂本龍馬像(さかもとりょうまぞう) 사카모토 료마 동상	(高知県)(こうちけん) 고치현
17회	土佐犬(とさいぬ) 도사견	(高知県)(こうちけん) 고치현
18회	みかん 귤	(愛媛県)(えひめけん) 에히메현
19회	鯛(たい) 도미	(愛媛県)(えひめけん) 에히메현
20회	金刀比羅宮(ことひらぐう) 고토히라궁(신사)	(香川県)(かがわけん) 가가와현
21회	桃太郎(ももたろう) 모모타로(동화 주인공)	(岡山県)(おかやまけん) 오카야마현
22회	マスカット 머스캣(포도)	(岡山県)(おかやまけん) 오카야마현
23회	鳥取砂丘(とっとりさきゅう) 돗토리 사구(모래 언덕)	(鳥取県)(とっとりけん) 돗토리현
24회	梨(なし) 배	(鳥取県)(とっとりけん) 돗토리현
25회	出雲大社(いずもたいしゃ) 이즈모다이 신사	(島根県)(しまねけん) 시마네현
26회	石見銀山(いわみぎんざん) 이와미 은광(광산 유적)	(島根県)(しまねけん) 시마네현
27회	厳島神社(いつくしまじんじゃ) 이츠쿠시마 신사	(広島県)(ひろしまけん) 히로시마현
28회	お好(この)み焼(や)き 오코노미야키	(広島県)(ひろしまけん) 히로시마현
29회	瓦(かわら)そば 가와라소바(기왓장 메밀국수)	(山口県)(やまぐちけん) 야마구치현
30회	ふぐ 복어	(山口県)(やまぐちけん) 야마구치현

저자

本田 ゆかり（ほんだ ゆかり）혼다 유카리

東京外国語大学大学院国際学研究院　特別研究員

도쿄외국어대학·대학원 국제학연구원 특별 연구원

前坊 香菜子（まえぼう かなこ）마에보 카나코

NPO 法人日本語教育研究所　研究員、高崎経済大学、聖学院大学、武蔵野大学　非常勤講師

NPO법인 일본어교육연구소 연구원. 다카자키경제대학, 세이가쿠인대학, 무사시노대학 비상근 강사

菅原 裕子（すがわら ゆうこ）스가와라 유코

NPO 法人日本語教育研究所　研究員、中央工学校附属日本語学校　非常勤講師、

リンゲージ日本語学校　企業派遣講師、フリーランス日本語インストラクター

NPO법인 일본어교육연구소 연구원. 주오공학교 부속 일본어학교 비상근 강사,

랭기지일본어학교 기업 파견 강사, 프리랜서 일본어 인스트럭터

関 裕子（せき ゆうこ）세키 유코

筑波大学グローバルコミュニケーション教育センター日本語教育部門、二松学舎大学文学部、

東洋大学国際教育センター、東京海洋大学海洋工学部　非常勤講師

쓰쿠바대학 글로벌커뮤니케이션 교육센터 일본어교육부문, 니쇼가쿠샤대학 문학부,

도요대학 국제교육센터, 도쿄해양대학 해양공학부 비상근 강사

삽화

広野りお 히로노리오

번역

정효선 (시사일본어학원 강사)

시사 JLPT 합격 시그널 N3 문자 어휘

초판인쇄	2023년 5월 10일
초판발행	2023년 5월 20일

저자	本田ゆかり, 前坊香菜子, 菅原裕子, 関裕子
편집	조은형, 김성은, 오은정, 무라야마 토시오
펴낸이	엄태상
디자인	이건화
조판	이서영
콘텐츠 제작	김선웅, 장형진
마케팅본부	이승욱, 왕성석, 노원준, 조성민, 이선민
경영기획	조성근, 최성훈, 김다미, 최수진, 오희연
물류	정종진, 윤덕현, 신승진, 구윤주

펴낸곳	시사일본어사(시사북스)
주소	서울시 종로구 자하문로 300 시사빌딩
주문 및 문의	1588-1582
팩스	0502-989-9592
홈페이지	www.sisabooks.com
이메일	book_japanese@sisadream.com
등록일자	1977년 12월 24일
등록번호	제 300-2014-92호

ISBN 978-89-402-9356-0(14730)
978-89-402-9355-3(set)

문제 유형별 핵심 포인트 총정리

시사 JLPT 합격 시그널

일본어능력시험

저자 本田ゆかり, 前坊香菜子, 菅原裕子, 関裕子

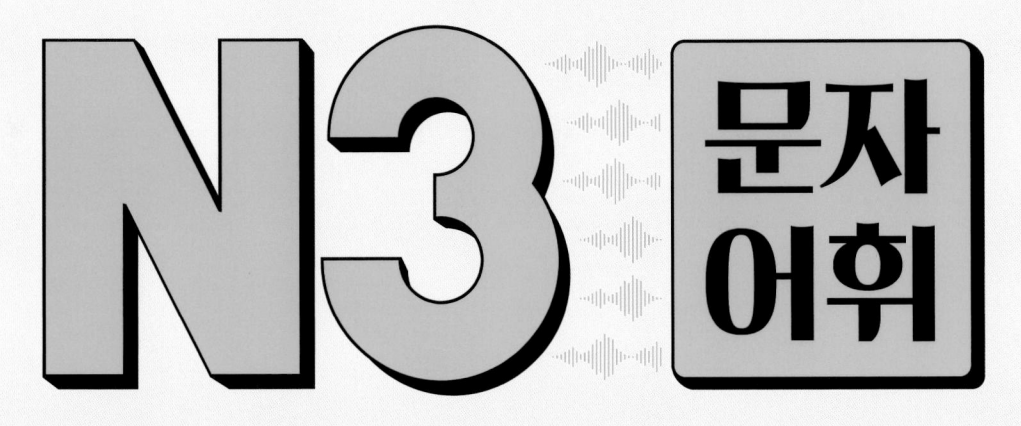

N3 문자 어휘

해석 보기

정답 및 해설

시사일본어사

문제 유형별 핵심 포인트 총정리

시사 JLPT 합격 시그널

일본어능력시험

저자 本田ゆかり, 前坊香菜子, 菅原裕子, 関裕子

N3 문자 어휘

정답 및 해설

시사일본어사

1회

연습 문제 14~15p

やってみよう

1) 過ごす (시간을) 보내다 ✦「暮らす 살다」는「生活する 생활하다」의 의미로 사용한다.

2) 過ごした (시간을) 보냈다　3) ぐっすり 푹

1

1) 昨日、(1 ぐうぜん) 高校のときの友達と町で会った。
어제 우연히 고등학교 때의 친구를 동네에서 만났다.

2) 1か月の仕事の (2 スケジュール) を手帳に書いた。
한 달의 업무 스케줄을 수첩에 적었다.

✦ 1「ジョギング 조깅」

3) (1 ぐっすり) 寝ていたので、地震に気づかなかった。
푹 잠이 들어 있어서, 지진을 알아채지 못했다.

✦자고 있는 상태를 설명하는 말「ぐっすり 푹」이 들어간다.

4) 彼女は教室の前で (3 立ち止まって)、ポスターを見た。
그녀는 교실 앞에 멈춰 서서 포스터를 봤다.

5) 姉は目立つのが好きで、いつも派手な (3 服装) をしている。
언니(누나)는 눈에 띄는 것을 좋아해서 항상 화려한 복장을 하고 있다.

2

1) 3 疲れた 피곤했다, 지쳤다
今日は夜遅くまで残業して、とてもくたびれた。
오늘은 밤늦게까지 잔업(야근)을 해서 매우 지쳤다.

2) 2 生活したい 생활하고 싶다
将来、大きい家を建てて、家族といっしょに暮らしたい。
장래에 큰 집을 지어서 가족과 함께 살고 싶다.

3

1) 4 卒業した先輩に中古の冷蔵庫をもらった。
졸업한 선배에게 중고 냉장고를 받았다.

✦「中古 중고」는 주로 차, 전기 제품, 가구 등에 사용된다. 1은「おさがり 물려받은 것」 2는「古い(缶詰) 오래된 (통조림)」, 3은「古く(なった) 오래(되었다)」로 하면 바른 문장이 된다.

2) 1 休みなので、家族で公園をのんびり散歩した。
쉬는 날이어서 가족끼리 공원을 한가롭게 산책했다.

✦「のんびり 한가롭게, 느긋하게」는 마음이나 몸에 여유가 있는 상태이다. 2와 4는「ゆっくり 천천히」, 3은「落ち着いて 침착하게(→ 10회)」로 하면 바른 문장이 된다.

4 1) 1

2) 2 ✦1「遅れる 늦다, 늦어지다(→ 17회)」, 3「濡れる 젖다」,
4「汚れる 더러워지다(→ 3회)」

3) 3 ✦1「確かめる 확인하다」, 2「まとめる 정리하다」와 4「やめる 그만두다」는 히라가나로 쓴다.

5 1) 2 ✦1「寝（シン、ね・る）」, 3「眼（ガン）」,
4「定（テイ、さだ・める）」

2) 1

2회

연습 문제 16~17p

やってみよう

1) たまって 고여 2) 重ねて 포개서, 겹쳐서 3) 動かして 옮겨

✦ 자동사, 타동사 문제이다.

1 1) ここにある本を（ 1 きちんと ）整理して、本棚に並べてください。
여기에 있는 책을 말끔히 정리해서, 책장에 꽂아 주세요.

2) 牛乳を（ 3 こぼさない ）ようにゆっくり飲みなさい。
우유를 엎지르지 않도록 천천히 마시렴.

✦ 4「まぜる 섞다」

3) 同じお皿はここに（ 2 重ねて ）、置いておいてください。
같은 접시는 여기에 포개서 놔둬 주세요.

4) 手が（　2　届かない　）ので、あの本を取ってください。
손이 닿지 않으니 저 책을 집어 주세요.

5) 古い新聞と雑誌をひもで（　2　しばって　）捨てる。
낡은 신문과 잡지를 끈으로 묶어서 버린다.

2 1) 1　かたづけた 정리했다, 치웠다
帰る前に、机の上をきれいに整理した。
(집에) 돌아가기 전에 책상 위를 깨끗이 정리했다.

2) 2　ひとつにして 하나로 해서
この部屋にあるごみをまとめて、捨ててください。
이 방에 있는 쓰레기를 한데 모아서 버려 주세요.

3 1) 2　休みの日に、伸びた草を抜いたら、庭がすっきりした。
쉬는 날에 자란 풀을 뽑았더니 정원이 산뜻해졌다.
✦ 1과 3은「取った 풀었다, 따다」4는「出して 꺼내서」로 하면 바른 문장이 된다.

2) 3　ここにある紙を色で分類して、まとめておいてください。
여기에 있는 종이를 색으로 분류해서 정리해 두세요.
✦「分類 분류」는 같은 종류로 나눌 때에 사용한다. 1, 2, 4는「分けて 나누어서」로 하면 바른 문장이 된다.

4 1) 4　✦ 1「壁 벽」, 2「棚 선반」, 3「庭 정원, 마당」　2) 2
3) 1　✦ 2「覚える 외우다, 기억하다」, 3「数える 수를 세다(→ 18회)」,
4「加える 더하다(→ 3회)」

5 1) 4　✦ 2「拾（シュウ、ひろ・う）」
2) 1　✦ 4「底（テイ、そこ）」

3회

연습 문제 18~19p

1

1) ワインをこぼしてしまって、白(しろ)い服(ふく)に(3 しみ)をつけてしまった。
와인을 쏟아 버려서 하얀 옷에 얼룩을 남기고 말았다.

2) 卵(たまご)と砂糖(さとう)をよく(2 かき混(ま)ぜたら)、バターを少(すこ)しずつ入(い)れてください。
달걀과 설탕을 잘 뒤섞었으면 버터를 조금씩 넣어 주세요.

3) 靴(くつ)が汚(よご)れたので、きれいに(4 みがいた)。
구두가 더러워져서 깨끗하게 닦았다.

4) このコーヒー豆(まめ)はインドネシア(2 産(さん))です。
이 커피 원두는 인도네시아산입니다.

5) 洗濯物(せんたくもの)を(3 ほした)けど、雨(あめ)なのでなかなか乾(かわ)かない。
빨래를 널었는데, 비가 내려서 좀처럼 마르지 않는다.

2

1) 2 準備(じゅんび) 준비
いつも母(はは)といっしょに食事(しょくじ)の支度(したく)をしている。
항상 엄마와 함께 식사 준비를 하고 있다.

2) 2 かたづけて 정리해, 치워
帰(かえ)る前(まえ)に、机(つくえ)の上(うえ)にある物(もの)をしまっておいてください。
(집에) 돌아가기 전에 책상 위에 있는 물건을 치워 두세요.

3

1) 2 ケーキを作(つく)るときは、きちんと小麦粉(こむぎこ)を量(はか)ってください。
케이크를 만들 때는 정확하게 밀가루를 계량해 주세요.

✧「量(はか)る 재다」는 주로 물건의 무게에 사용한다. 1은「記録(きろく)して 기록하고」, 3은「話(はな)し合(あ)って 서로 이야기하고(→ 24회)」, 4는「数(かぞ)えたら 수를 세었더니(→ 18회)」로 하면 바른 문장이 된다.

2) 1 スープが沸騰(ふっとう)する前(まえ)に、火(ひ)を止(と)めてください。
수프가 끓기 전에 불을 꺼 주세요.

✧ 2와 3은「上(あ)がる 오르다」, 4는「興奮(こうふん)する 흥분하다」를 활용하면 바른 문장이 된다.

4 1) 4 ✦ 1「米 쌀」, 2「魚 생선」, 3「肉 고기」

2) 2 ✦ 1「変える 바꾸다」, 3「使える 사용할 수 있다」, 4「迎える 맞이하다」

3) 2 ✦ 1「うるさい 시끄럽다」는 히라가나로 쓴다. 3「暗い 어둡다」, 4「狭い 좁다」

4) 3 ✦ 1「落とす 떨어뜨리다(→ 10회)」, 2「差す (우산을) 쓰다」,

4「返す 돌려주다, 반납하다(→ 11회)」

5 1) 1 ✦ 2「育（イク、そだ・てる、そだ・つ）(→ 6회)」

2) 1 ✦ 2「乗（ジョウ、の・る、の・せる）(→ 14회)」

3) 2

4) 3 ✦ 1～4「参（サン、まい・る）」, 2「回（カイ）(→ 28회)」

4회

연습 문제 20~21p

やってみよう

1) 延期 연기　2) すばらしい 훌륭하다

✦「すばらしい」는 상태, 행동, 모습 등이 매우 좋다는 것을 표현할 수 있으며 넓은 의미로 사용된다.「立派な 훌륭한」은 만들어진 물건이나 사람의 행동이 매우 좋다고 할 때에 사용된다.

1 1) この小説に（ 3 登場 ）する女性のようになりたい。

이 소설에 등장하는 여성처럼 되고 싶다.

✦「登場する 등장하다」는 사람이나 물건이 어떠한 장소, 장면(예를 들면, 무대, 소설, 세상)에 나타나는 것을 말한다.

2) 日本の文化や（ 2 芸術 ）にとても興味がある。

일본의 문화나 예술에 매우 흥미가 있다.

3) あれは70年前に（ 2 建築 ）された歴史のある美術館だ。

저것은 70년 전에 건축된 역사가 있는 미술관이다.

4) 毎年、国際交流の（ 1 イベント ）に参加している。

매년, 국제 교류 이벤트에 참가하고 있다.

✦ 2「チャンス 찬스, 기회(→ 29회)」

5) あの歌手(かしゅ)は、歌(うた)だけではなく、ピアノの（　1　演奏(えんそう)　）も上手(じょうず)だ。
저 가수는 노래뿐만 아니라 피아노 연주도 잘한다.

2 1) 3　小説(しょうせつ)を書(か)く人(ひと) 소설을 쓰는 사람
将来(しょうらい)、作家(さっか)になりたいと思(おも)っています。
장차 작가가 되고 싶다고 생각하고 있습니다.

2) 4　すばらしかった 훌륭했다
田中(たなか)さんのスピーチは、本当(ほんとう)に立派(りっぱ)だった。
다나카 씨의 스피치는(연설은) 정말 훌륭했다.

3 1) 1　雨(あめ)のため、今日(きょう)の試合(しあい)はあしたに延期(えんき)します。
비 때문에 오늘 시합은 내일로 연기합니다.
✦「延期(えんき) 연기」는 이벤트 등의 예정일을 뒤로 미룬다는 의미이다. 2는「延長(えんちょう)する 연장하다」, 3은「延(の)ばす 늘리다, 연장하다」, 4는「遅(おく)れる 늦어지다」를 활용하면 바른 문장이 된다.

2) 3　映画館(えいがかん)は満員(まんいん)で、見(み)たかった映画(えいが)が見(み)られなかった。
영화관은 만원이라 보고 싶었던 영화를 볼 수 없었다.
✦「満員(まんいん) 만원」은 영화관처럼 들어갈 수 있는 인원수가 정해져 있는 장소에 들어갈 수 있는 최대의 사람이 있을 때 사용한다. 1과 4는「たくさん 많음」,「いっぱい 가득 참」으로 하면 바른 문장이 된다.

4 1) 3　2) 2　3) 4　✦ 1「上(あ)がる 오르다, 올라가다」, 2「下(お)りる (아래로) 내리다」,
3「下(さ)がる 내리다, 내려가다」

5 1) 2　2) 4

5회

연습 문제 22~23p

1

1) 紙(かみ)のごみの中(なか)に（　4　まざって　）いるプラスチックのごみを取(と)ってください。
종이 쓰레기 속에 섞여 있는 플라스틱 쓰레기를 제거해 주세요.

2) （　1　自然(しぜん)　）が多(おお)いところで子(こ)どもを育(そだ)てたい。
자연이 풍부한 곳에서 아이를 키우고 싶다.

3) クーラーが故障(こしょう)したのか、（　1　温度(おんど)　）が変(か)えられない。
에어컨이 고장 났는지 온도를 바꿀 수 없다.

✦ 2「気温(きおん) 기온」은 외부 온도에 사용한다. 스스로는 조정할 수는 없다.

4) 人間(にんげん)は毎日(まいにち)たくさんの（　2　エネルギー　）を使(つか)っている。
인간은 매일 많은 에너지를 사용하고 있다.

✦ 3「コミュニケーション 커뮤니케이션(→ 29회)」

5) 太陽(たいよう)が（　4　沈(しず)んで　）、周(まわ)りが暗(くら)くなった。
태양이 져서 주위가 어두워졌다.

✦ 1「日(ひ)が落(お)ちる 날이 저물다」라는 표현이 있다.

2

1) 3　ひかって 빛나고, 빛나서
窓(まど)から見(み)える海(うみ)がかがやいている。
창문에서 보이는 바다가 반짝이고 있다.

2) 2　かわかない 마르지 않다
部屋(へや)の中(なか)では洗濯物(せんたくもの)がなかなか乾燥(かんそう)しない。
방 안에서는 세탁물이 좀처럼 건조되지(마르지) 않는다.

3

1) 2　地震(じしん)が発生(はっせい)したら、火(ひ)はすぐに消(け)してください。
지진이 발생하면 불은 바로 꺼 주세요.

✦「発生(はっせい) 발생」은 '좋지 않은 일이 일어나다, 나타나다'라는 의미이다.
예) 問題(もんだい)が発生(はっせい)する。문제가 발생하다.
1과 4는「出(で)る 나오다」, 3은「生(は)える 자라다」를 활용하면 바른 문장이 된다.

2) 4 庭(にわ)の木(き)が<u>枯(か)れて</u>しまったので、切(き)ることにした。
정원의 나무가 말라 버려서 자르기로 했다.

✦「枯(か)れる 마르다, 시들다」는 나무나 꽃 등의 식물에 사용한다. 1은「悪(わる)くなって 나빠져, 상해」, 2는「汚(きたな)くなって 더러워져」, 3은「疲(つか)れて 피곤해」로 하면 바른 문장이 된다.

4 1) 4

2) 2 ✦ 1「生(う)まれる 태어나다」, 3「揺(ゆ)れる 흔들리다」, 4「分(わ)かれる 나뉘다, 갈리다」

3) 1 ✦ 2「悲(かな)しい 슬프다」, 3「厳(きび)しい 엄격하다」, 4「素晴(すば)らしい 훌륭하다」

4) 4 ✦ 1「雲(くも) 구름」, 2「月(つき) 달」, 3「日(ひ) 해」

5 1) 2 2) 4 ✦ 2「湿（シツ、しめ・る）」, 3「湯（トウ、ゆ）」

3) 1 4) 3

6회

연습 문제 24~25p

1 1) 冬(ふゆ)になると、インフルエンザの（ 1 患者(かんじゃ) ）が増(ふ)えてくる。
겨울이 되면 독감 환자가 증가하기 시작한다.

2) 寒(さむ)いと思(おも)って、（ 4 体温(たいおん) ）をはかったら、38度(ど)もあった。
춥다고 생각해서 체온을 쟀더니 38도나 됐다.

✦ 3「室温(しつおん) 실온」

3) 本(ほん)を読(よ)むときは、（ 1 姿勢(しせい) ）をよくしないと、目(め)が悪(わる)くなる。
책을 읽을 때에는 자세를 바르게 하지 않으면 눈이 나빠진다.

4) 朝(あさ)から何(なに)も食(た)べていないので、（ 4 ふらふら ）する。
아침부터 아무것도 먹지 않아서 휘청휘청한다.

✦「どきどき 두근두근(→ 9회)」

5) （ 2 手術(しゅじゅつ) ）は成功(せいこう)して、来週(らいしゅう)には退院(たいいん)できる。
수술은 성공적이어서 다음 주에는 퇴원할 수 있다.

2 1) 1 涙を流した 눈물을 흘렸다

何度練習しても上手にできなくて、泣いた。

몇 번 연습해도 능숙해지지 않아서 울었다.

2) 3 育つ 자라다

子どもが成長する様子を見るのが楽しみだ。

아이가 성장하는 모습을 보는 것이 즐거움이다.

3 1) 2 薬を飲んで、休んでいたら、少しずつ回復してきた。

약을 먹고 쉬었더니 조금씩 회복되기 시작했다.

✦「回復 회복」은 원래의 상태로 돌아간다는 의미로 여기에서는 몸 상태에 대해 사용되고 있다. 1은「直る 고쳐지다」, 3은「復興する 부흥하다」, 4는「もう一度使う 한번 더 사용하다」를 활용하면 바른 문장이 된다.

2) 4 髪がずいぶん伸びたので、美容院に切りに行こうと思っている。

머리카락이 꽤 자라서 미용실에 자르러 가려고 생각하고 있다.

✦ 1은「上がって 올라」, 2는「なくなって 없어져, 사라져」, 3은「広がって 확대되어」로 하면 바른 문장이 된다.

4 1) 1 2) 1 ✦ 2「親 부모(님)」, 3「緑 녹색, 초록」, 4「森 숲」

3) 3 4) 1

5) 2 ✦ 1「歌う 노래하다」, 3「乗る 타다(→ 14회)」, 4「走る 달리다」

5 1) 3 ✦ 1, 3「康（コウ）」, 2, 4「庫（コ）」

2) 3 ✦ 4「療（リョウ）」

3) 1 ✦ 4「汁（ジュウ・しる）」

7회 연습 문제 26~27p

やってみよう

1) 仲間 한패, 동료, 동아리

✦「サッカー仲間に入る 축구 동아리에 들어가다」는 '축구를 함께하는 그룹에 들어가다'라는 의미이다.

2) 印象 인상　3) 出会った 우연히 만났다

4) 知り合った 알게 된

✦「出会う 우연히 만나다」는 '우연히 사람과 만나다, 마주치다'라는 의미이다.「知り合う 알게 되다, 아는 사이가 되다」는 '서로에 대해 알게 되다'라는 의미이다.

1 1) 奨学金の説明会には、申し込んだ（ 4 本人 ）が必ず出席してください。

장학금 설명회에는 신청한 본인이 반드시 참석해 주세요.

2) 山田さんをパーティーに（ 2 さそった ）けれど、いい返事はもらえなかった。

야마다 씨를 파티에 초대했지만(파티에 가자고 권했지만) 긍정적인 답변은 받을 수 없었다.

3) 外で音がしたのでドアを開けたが、誰の（ 3 姿 ）も見えなかった。

밖에서 소리가 나서 문을 열었는데 어느 누구의 모습도 보이지 않았다.

4) 何か言いたいことがあったら、（ 1 直接 ）わたしに言ってください。

무언가 하고 싶은 말이 있으면 직접 저에게 말해 주세요.

5) イベントに参加する人（ 3 全員 ）が集まりましたか。

이벤트에 참가하는 사람 전원이 모였습니까?

2 1) 1 誰にも話していない 아무에게도 말하지 않았다

わたしたちが結婚していることは秘密にしている。

우리가 결혼한 것은 비밀로 하고 있다.

2) 4 すてきな 멋진

彼女は魅力があるので、みんな彼女が大好きだ。

그녀는 매력이 있기 때문에 모두 그녀를 매우 좋아한다.

✦「すてきな 멋진(→ 10회)」

3 1) 1 子どものときからお互いのことをよく知っている。

어렸을 때부터 서로에 관해 잘 알고 있다.

✦ 2는「二つ 둘」, 3은「両方 양쪽」 4는「それぞれ 각각」으로 하면 바른 문장이 된다.

2) 4 店員の態度がとても失礼で、嫌な気分だ。

점원의 태도가 몹시 무례해서 불쾌하다.

✦ 1은「調子 상태, 컨디션」, 2는「調子 상태, 컨디션」,「具合 상태, 컨디션」, 3은「かっこう 모양, 모습」으로 하면 바른 문장이 된다.

4 1) 3

2) 2 ✦ 1「線 선」, 3「所 곳, 장소」, 4「丸 동그라미」

3) 3 ✦ 1「次 다음(→ 28회)」, 2「別 다름, 다른 것」, 4「先 먼저」 4) 4

5) 4 ✦ 1「出す 꺼내다」, 2「消す 끄다, 지우다(→ 29회)」, 3「探す 찾다」

8회

연습 문제 28~29p

1 1) いつもわたしを助けてくれるので、両親にとても（ 2 感謝 ）している。
항상 나를 도와주기 때문에 부모님께는 매우 감사하고 있다.

2) わたしは兄と顔は似ているが、（ 2 性格 ）はぜんぜん違う。
나는 형과(오빠와) 얼굴은 닮았지만 성격은 전혀 다르다.

3) 服を買いたいという友人に（ 3 付き合って ）、デパートに買い物に行った。
옷을 사고 싶다는 친구와 함께 (어울려) 백화점에 쇼핑하러 갔다.

4) 最近、この歌手は（ 4 人気 ）が出てきて、テレビでよく見る。
요즘 이 가수는 인기가 많아지기 시작해서 TV에서 자주 본다.

5) 田中さんは自分の飼っている猫がいちばんかわいいと（ 2 自慢 ）する。
다나카 씨는 자기가 기르고 있는 고양이가 제일 귀엽다고 자랑한다.

2 1) 3 ひみつ 비밀
親友にも言わないで、ずっと内緒にしていることがある。
친한 친구에게도 말하지 않고 줄곧 비밀로 하고 있는 것이 있다.

2) 3 手伝って 도와주고
アンケートを取るために、みんなが協力してくれた。
앙케트를 조사하기 위해서 모두가 협력해 주었다.

3 1) 4 相手の立場になって、考えてみたほうがいい。
상대의 입장이 되어서 생각해 보는 편이 좋다.

✦ 1은「状態 상태」, 2는「場所 장소」, 3은「辺り 부근, 근처(→ 19회)」로 하면 바른 문장이 된다.

2) 2 インターネットで世界中の人と交流することができる。
인터넷에서 전 세계 사람들과 교류할 수 있다.

✦ 1은「合流 합류」, 3과 4는「交換 교환」으로 하면 바른 문장이 된다.

4 1) 1

2) 2 ✦ 1「預ける 맡기다」, 3「届ける 닿게 하다, 보내다」, 4「見つける 발견하다, 찾다」

3) 4 4) 1

5 1) 4 2) 1 3) 3 ✦ 1～4「談（ダン）」, 2「想（ソウ、ソ）」

4) 2 ✦「必（ヒツ、かなら・ず）(→9회)」

9회

연습 문제 30~31p

やってみよう

1) 不安 불안 2) 不満 불만

✦「不安な 불안한」은 걱정스러운 마음이 있는 상태이다.「不満な 불만스러운」은 불평을 말하고 싶은 기분이 있는 상태이다.

3) 苦労 고생

1 1) 痛みをずっと（ 1 我慢 ）するより、薬を飲んだほうがいい。
통증을 계속 참기보다 약을 먹는 편이 좋다.

2) （ 2 せっかく ）キャンプの準備をしたのに、雨で中止になってしまった。
모처럼 캠핑 준비를 했는데 비 때문에 중지되어 버렸다.

✦「せっかく～のに 모처럼(애써) ~인데」라는 형태로 사용하는 경우가 많다. 유감스러운 기분이 담겨 있다.

3) いい製品だと思って買ったのに、すぐ壊れてしまい、（ 2 がっかり ）した。
좋은 제품이라고 생각해서 샀는데 금방 고장 나 버려서 실망했다.

4) 仕事の多さよりも人間関係のほうにストレスを（ 1 感じる ）。
업무의 양보다도 인간관계에 더 스트레스를 느낀다.

5) 子どものとき、なぜ人は年を取るのだろうと（　3　不思議　）に思った。
어렸을 때 왜 사람은 나이를 먹는 것일까 하고 이상하게 생각했다.

2 1) 3 変な 이상한
このあいだ、おかしなことが起きたんだ。
얼마 전 이상한 일이 일어났었어.

2) 2 怖い 무섭다
高いビルから落ちていくという恐ろしい夢を見た。
높은 빌딩에서 떨어지는 무서운 꿈을 꾸었다.

3 1) 3 何年も働いているのに、給料が上がらないことが不満だ。
몇 년씩이나 일하고 있는데 월급이 오르지 않는 것이 불만이다.
✦ 1은「不安な 불안하며, 불안해서」, 2는「低い 낮다」, 4는「足りない 부족하다」,「不十分な 불충분한」 등으로 하면 바른 문장이 된다.

2) 3 就職の面接の前なので、みんな緊張した顔をしている。
취직 면접 전이라서 모두 긴장된 얼굴을 하고 있다.
✦ 1은「ぴんと張る 팽팽히 당기다」, 2는「(声が) あまり出なくなる (목소리가) 잘 나오지 않게 되다」, 4는「厳しく (育てられる) 엄격하게 (길러지다)」 등을 활용하면 바른 문장이 된다.

4 1) 4 ✦ 1「甘い 달다(→ 29회)」, 2「辛い 맵다」, 3「薄い 얇다, 옅다, (맛이) 싱겁다」
2) 2 3) 2

5 1) 4 2) 1

10회

연습 문제 32~33p

やってみよう

1) 気(き)になって 신경이 쓰여서 2) 目立(めだ)ち 눈에 띕(니다) 3) 当然(とうぜん) 당연(합니다)

4) すてき 멋지(네요)

1

1) 彼(かれ)は新(あたら)しい仕事(しごと)に（ 4 満足(まんぞく) ）しているそうです。
그는 새로운 일에 만족하고 있다고 합니다.

2) 緊張(きんちょう)していましたが、だんだん気持(きも)ちが（ 1 落(お)ち着(つ)いて ）きました。
긴장하고 있었는데 점점 마음이 진정되기 시작했습니다.

3) 母(はは)は、わたしが将来(しょうらい)いい会社(かいしゃ)に入(はい)ることを（ 1 期待(きたい) ）している。
엄마는 내가 장차 좋은 회사에 들어가기를 기대하고 있다.

4) 彼(かれ)は日本語(にほんご)を話(はな)すことに（ 1 自信(じしん) ）を持(も)っている。
그는 일본어를 말하는 것에 자신감을 가지고 있다.

5) 妹(いもうと)は日本(にほん)の着物(きもの)に（ 3 関心(かんしん) ）を持(も)っている。
여동생은 일본 기모노에 관심을 가지고 있다.
✣「関心(かんしん)を持(も)っている 관심을 가지고 있다」는「関心(かんしん)がある 관심이 있다」라는 의미이다.

2

1) 4 真面目(まじめ)に 성실하게, 진지하게
彼(かれ)は日本(にほん)に留学(りゅうがく)することを真剣(しんけん)に考(かんが)えている。
그는 일본에 유학 가는 것을 진지하게 생각하고 있다.

2) 3 思(おも)っていたのとは違(ちが)って 생각했던 것과는 다르게
今日(きょう)の試験(しけん)は意外(いがい)に簡単(かんたん)だった。
오늘 시험은 의외로 간단했다.

3

1) 3 今(いま)の仕事(しごと)は大変(たいへん)でとても忙(いそが)しいので、もっと楽(らく)な仕事(しごと)がしたいです。
지금 일은 힘들고 매우 바쁘기 때문에 좀 더 편한 일을 하고 싶습니다.
✣「楽(らく) 편안함, 쉬움」은「楽(たの)しい 즐겁다」와 같은 한자를 사용하지만,「楽(らく)」에는 '즐겁다'의 의미는 없고, '마음이나 몸이 괴롭지 않다', '간단하다', '어려운 것은 아니다' 등의 의미가 있다. 1은「便利(べんり)な 편리한」, 2는「おもしろい 재미있다」,「楽(たの)しい 즐겁다」, 4는「楽(たの)しい 즐겁다」로 하면 바른 문장이 된다.「ユーモア 유머(→ 24회)」

2) 4 有名なレストランに行きましたが、意外に空いていました。

유명한 레스토랑에 갔는데 의외로 한산했습니다.

✦ 1은「嫌い 싫다」,「苦手 서투름, 거북함」, 2는「間違い 잘못됨, 틀림」,「うそ 거짓말」, 3은「思ったとおり 생각한 대로」,「簡単 간단」으로 하면 바른 문장이 된다.

4 1) 4 2) 2

5 1) 4 ✦ 1～4「係（ケイ、かか・る）」 2) 2

11회

연습 문제 34~35p

1 1) 一生懸命勉強したら、（ 2 成績 ）が上がった。

열심히 공부했더니 성적이 올랐다.

2) うまくできなかったので、もう一度最初からやり（ 4 直す ）ことにした。

잘 안돼서 한번 더 처음부터 다시 하기로 했다.

3) 弟は高校を卒業した後、大学に（ 3 進学した ）。

남동생은 고등학교를 졸업한 뒤 대학에 진학했다.

4) いつか日本の会社で働くという（ 2 目標 ）を立てた。

언젠가 일본 회사에서 일하겠다는 목표를 세웠다.

✦「予定 예정」은「あした会議をする 내일 회의를 하다」,「来週旅行へ行く 다음 주 여행을 가다」등, 앞으로 할 행동이나 그 내용이 이미 정해져 있는 것에 사용한다.「目標 목표」는「今年はN3に合格する 올해는 N3에 합격하다」,「お金をためて、旅行に行く 돈을 모아서 여행을 가다」등 그렇게 하고 싶다, 달성하고 싶다고 생각하는 일에 사용한다.

2 1) 1 意味がわかりました 의미를 알았습니다

先生の説明を聞いて、この言葉の意味を理解しました。

선생님의 설명을 듣고 이 말의 의미를 이해했습니다.

2) 3 何度もして 몇 번이나 해서

失敗をくりかえして、やっと合格できた。

실패를 거듭해서 겨우 합격할 수 있었다.

3 1) 2 その漢字の書き方、間違っていますよ。

그 한자의 쓰는 법, 틀렸어요.

✧「間違う 틀리다」는 사람이 하는 행동이나 생각하는 것이 바르지 않다는 의미이다. 1, 3, 4는「違う 다르다」로 하면 바른 문장이 된다. 1, 3, 4 문장의「違う」는 바르지 않다는 의미가 아니라 같지 않다, 상이하다는 의미이다.

2) 2 宿題は、あしたまでに提出してください。

숙제는 내일까지 제출해 주세요.

✧「提出 제출」은 서류나 숙제 등을 받는 사람이나 장소에 낸다는 의미이다. 1은「飛び出す 뛰어나오다」, 3은「出発する 출발하다」, 4는「送る 보내다」를 활용하면 바른 문장이 된다.

4 1) 2 2) 2 3) 1 4) 1

5 1) 3 ✧ 1～4「導（ドウ、みちび・く）」 2) 2 ✧ 1「各（カク）」

3) 2 ✧ 1「変（ヘン、か・える、か・わる）」 4) 1

12회

연습 문제 36~37p

1 1) 自分の失敗を人の（ 3 せい ）にしてはいけません。

자신의 실패를 다른 사람의 탓으로 해서는 안 됩니다.

2) 彼女は、彼と結婚するかどうか、ずっと（ 4 迷って ）いる。

그녀는 그와 결혼할지 말지 계속 망설이고 있다.

3) お金がないので、進学を（ 1 あきらめました ）。

돈이 없기 때문에 진학을 포기했습니다.

4) 子どもが（ 1 いたずら ）をしたので、叱りました。

아이가 장난을 쳐서 꾸짖었습니다.

5) みんなで相談して、夏休みの旅行先を海に（　2　決めました　）。
모두 함께 상의해서 여름 방학 여행지를 바다로 결정했습니다.

2 1) 1　事故を起こさないようにする 사고를 내지 않도록 하다
事故を防ぐために、みんなで協力しましょう。
사고를 막기 위해서 모두 함께 협력합시다.

2) 2　方法 방법
友達に漢字の勉強のしかたを聞きました。
친구에게 한자 공부하는 방법을 물었습니다.

3 1) 2　みんなが助けてくれたので、その問題はもう解決しました。
모두가 도와주었기 때문에 그 문제는 이미 해결했습니다.

사건이나 사고, 난처한 일 등의 문제는「解決する 해결하다」, 테스트나 시험 등의 문제는「解く 풀다」를 사용한다. 1은「理解する 이해하다」, 3은「解く 풀다」,「わかる 알다, 이해하다」, 4는「決める 결정하다」를 활용하면 바른 문장이 된다.

2) 3　彼女はその手紙を読むと、破りました。
그녀는 그 편지를 읽더니 찢었습니다.

1은「かぶった 썼다」, 2는「割れて 깨져」, 4는「切りました 잘랐습니다」로 하면 바른 문장이 된다.

4 1) 3
2) 3　1「切れる 끊어지다」, 2「壊れる 부서지다, 고장 나다」, 4「割れる 깨지다」
3) 4

5 1) 2　2) 2　3) 1　4) 2

13회　연습 문제 38~39p

やってみよう

1) 費用 비용　2) 価格 가격　3) 給料 급료, 월급　4) 現金 현금

1

1) このアパートの（　4　家賃（やちん）　）は、1か月（げつ）7万円（まんえん）です。

이 아파트의 집세는 한 달에 7만 엔입니다.

2) 今日（きょう）は（　1　給料（きゅうりょう）　）が入（はい）ったので、家族（かぞく）にケーキを買（か）った。

오늘은 월급이 들어와서 가족에게 케이크를 사 주었다.

3) 今月（こんげつ）の電気（でんき）の（　4　料金（りょうきん）　）は、1万円（まんえん）だった。

이번 달 전기 요금은 만 엔이었다.

4) 食事（しょくじ）にかかったお金（かね）は、（　2　合計（ごうけい）　）5,500円（えん）です。

식사에 든 돈은 합계 5,500엔입니다.

5) 雨（あめ）が降（ふ）らないので、野菜（やさい）の（　1　値段（ねだん）　）が上（あ）がっている。

비가 내리지 않아서 채소 가격이 오르고 있다.

2

1) 1　使（つか）わないようにしている 쓰지 않도록 하고 있다

最近（さいきん）、お金（かね）を<u>節約（せつやく）している</u>。

요즘 돈을 절약하고 있다.

✦「節約（せつやく） 절약」은 돈 이외의 것에도 사용한다.

예 電気（でんき）を節約（せつやく）する。전기를 절약하다.　　時間（じかん）を節約（せつやく）する。시간을 절약하다.

2) 3　ためた 모았다

50万円<u>貯金（まんえんちょきん）した</u>。

50만 엔 저금했다.

3

1) 3　あのスーパーは新（あたら）しくてきれいだが、<u>品物（しなもの）</u>がよくない。

저 슈퍼는 새롭고 깨끗하지만 물건이 좋지 않다.

✦ 1은「忘（わす）れ物（もの） 분실물」, 2는「材料（ざいりょう） 재료」, 4는「借（か）りた物（もの） 빌린 물건」으로 하면 바른 문장이 된다.

2) 1　大学（だいがく）の授業料（じゅぎょうりょう）は、今週（こんしゅう）、1年分（ねんぶん）まとめて<u>支払（しはら）う</u>つもりだ。

대학 수업료는 이번 주에 1년치 합해서 지불할 생각이다.

✦「支払（しはら）う 지불하다」는 일이나 절차 등에서「お金（かね）を渡（わた）す 돈을 건네다」라는 의미밖에 없고 선물이나 축하 등, 특별한 마음이 있어서 돈을 건넬 때에는 사용하지 않는다.「払（はら）う 지불하다」는「支払（しはら）う 지불하다」와는 다르게「注意（ちゅうい）を払（はら）う 주의를 기울이다」처럼 돈 이외에도 사용하는 경우가 있다. 2는「下（お）ろす (돈을) 찾다」, 3은「払（はら）った (주의를) 기울였다」, 4는「あげた 주었다」로 하면 바른 문장이 된다.

4 1) 1　2) 2

5 1) 3 ✦ 1～4「活（カツ）(→25회)」　2) 4

14회

연습 문제 40~41p

やってみよう

1) 到着 도착　2) 急いで 서둘러서　3) 券 권(티켓, 표)　4) 速い 빠르다

✦「速い (속도가) 빠르다」는「新幹線は速い 신칸센은 빠르다」처럼 속도가 빠를 때,「早い (시간이) 이르다, 빠르다」는「今日はいつもより早く学校へ行く 오늘은 평소보다 일찍 학교에 간다」처럼 시간이 빠를 때에 쓴다.

1 1) 空港へ友達を（ 4 見送り ）に行きました。

공항으로 친구를 배웅하러 갔습니다.

2)「駐車（ 1 禁止 ）」はここに車を止めてはいけないという意味です。

'주차 금지'는 여기에 차를 세우면 안 된다는 의미입니다.

3) 山の上からきれいな景色を（ 3 眺めました ）。

산 위에서 예쁜 경치를 바라봤습니다.

✦ 1「観光する 관광하다」는「お寺を観光する 절을 관광하다」처럼 장소를 표현하는 말과 함께 사용한다. 4는「～が見えました ~가 보였습니다」가 되면 사용할 수 있다.

4) 友達を車に（ 4 乗せて ）、いっしょにドライブに出かけました。

친구를 차에 태워서 함께 드라이브를 나갔습니다.

5) うちから駅まで自転車で（ 1 移動 ）しています。

집에서 역까지 자전거로 이동하고 있습니다.

2 1) 4 渡る 건너다

車が来ないかどうか確認してから、道を横断する。

차가 오는지 안 오는지 확인하고 나서 길을 횡단한다.

2) 4 人が多かったです 사람이 많았습니다
昨日は大きなイベントがあったので、町は混雑していました。
어제는 큰 이벤트가 있었기 때문에 마을은 혼잡했습니다.

3 1) 4 都合が悪くなったので、レストランの予約を取り消しました。
사정이 나빠져서, 레스토랑 예약을 취소했습니다.

✦「取り消す 취소하다」는 한번 말한 것이나 결정한 일을 없던 일로 한다는 의미이다. 1은「中止になりました 중지되었습니다」, 2는「忘れたい 잊어버리고 싶다」, 3은「消しました 껐습니다」로 하면 바른 문장이 된다.

2) 4 道路を渡るときは、車に気をつけてください。
도로를 건널 때에는 차를 조심하세요.

✦「道路 도로」는 사람이나 차가 다니기 위해 사람이 만들어서 사용하기 쉽도록 정비한 길이라는 의미가 있다. 1은「道 길」,「行き方 가는 방법」, 2는「交通 교통」, 3은「通行 통행」으로 하면 바른 문장이 된다.

4 1) 2 2) 1

5 1) 2 2) 3

15회 연습 문제 42~43p

やってみよう

1) 職業 직업 2) 企業 기업 3) 応募 응모 4) 申込書 신청서 5) 発展 발전

1 1) となりの町の工場では夜遅い時間に働ける人を（ 4 募集 ）しています。
이웃 마을 공장에서는 밤늦은 시간에 일할 수 있는 사람을 모집하고 있습니다.

2) この国は（ 4 農業 ）が盛んで、外国に野菜や果物を輸出しています。
이 나라는 농업이 번성하여 외국에 채소나 과일을 수출하고 있습니다.

3) 彼は仕事で（　3　成功　）して、会社を大きくした。

그는 일에서 성공하여 회사 (규모)를 크게 만들었다.

4) 面接で日本に来た（　3　目的　）について聞かれました。

면접에서 일본에 온 목적에 대해서 질문받았습니다.

✦「目的 목적」은 '무엇을 위한 것인가'를 나타내고,「目標 목표」는 '달성하고 싶은 것'을 나타낸다. 예를 들어「日本の大学で勉強するために、日本に来ました。いつか日本の会社で働きたいです。일본 대학에서 공부하기 위해 일본에 왔습니다. 언젠가 일본 회사에서 일하고 싶습니다.」의 경우「日本の大学で勉強する 일본 대학에서 공부하다」가 목적,「日本の会社で働くこと 일본 회사에서 일하는 것」이 목표이다.

5) 会議室を使いたいときは、事務室に（　4　申し込んで　）ください。

회의실을 사용하고 싶을 때는 사무실에 신청해 주세요.

2 1) 3　書きました 썼습니다

名前と住所を記入しました。

이름과 주소를 기입했습니다.

2) 1　会社 회사

有名で、給料がいい企業で働きたいです。

유명하고 월급이 좋은 기업에서 일하고 싶습니다.

3 1) 2　この犬は警察犬になるために訓練されました。

이 개는 경찰견이 되기 위해 훈련받았습니다.

✦「訓練 훈련」은 기술 등을 보다 향상시키기 위해 무언가를 가르치거나 시키거나 한다는 의미로 자주 사용한다. 1은「運動 운동」, 3은「練習 연습」, 4는「連絡 연락」,「報告 보고(→ 24회)」로 하면 바른 문장이 된다.

2) 3　町の経済が発展して、高いビルが増えました。

마을의 경제가 발전하여 높은 빌딩이 늘어났습니다.

✦「発展 발전」은 사회나 과학 기술 등의 힘이 크게 성장하여 확대되어 간다는 의미이다. 1은「上達 상달, 향상」, 2는「成長 성장」, 4는「発生 발생」으로 하면 바른 문장이 된다.

4 1) 4　2) 3

5 1) 2 2) 2

16회

연습 문제 44~45p

やってみよう

1) 進(すす)めます 진행하겠습니다 2) 製品(せいひん) 제품 3) 調節(ちょうせつ) 조절 4) 担当(たんとう) 담당 5) 完成(かんせい) 완성

1 1) このパソコンは日本(にほん)（ 3 製(せい) ）です。

이 컴퓨터는 일본제입니다.

2) 科学技術(かがくぎじゅつ)が（ 3 進歩(しんぽ) ）して、生活(せいかつ)が便利(べんり)になりました。

과학 기술이 진보하여 생활이 편리해졌습니다.

✦ 2「進行(しんこう) 진행」은 버스나 전철 등의 교통수단이 목적 지점을 향해 가는 것이나 활동이나 작업 등이 진행된다는 의미이다.「進歩(しんぽ) 진보」는 물건과 일이 이전보다도 좋은 방향으로 진행되어 가는 것을 나타낸다. 기술이 이전보다 좋은 방향으로 진행된다는 의미이기 때문에「進歩(しんぽ)」가 적당하다.

3) 壊(こわ)れた機械(きかい)を（ 3 修理(しゅうり) ）してもらいました。

고장 난 기계를 수리받았습니다.

4) みんな集(あつ)まったら、（ 1 作業(さぎょう) ）を始(はじ)めましょう。

모두 모이면 작업을 시작합시다.

5) ごみを（ 2 処理(しょり) ）するのにも、お金(かね)がかかります。

쓰레기를 처리하는 데에도 돈이 듭니다.

2 1) 2 たしかめます 확인합니다(확인하겠습니다).

来週(らいしゅう)のスケジュールを<u>確認(かくにん)します</u>。

다음 주 스케줄을 확인합니다(확인하겠습니다).

2) 2 つかって 사용하고

この工場(こうじょう)ではさまざまな機械(きかい)を<u>使用(しよう)して</u>います。

이 공장에서는 여러 가지 기계를 사용하고 있습니다.

3 1) 3　この製品のいちばんの特長を教えてください。
이 제품의 가장 큰 특징을 가르쳐 주세요.

✦ 1은「とても大きいので 매우 크기 때문에」 2는「特急 특급」, 4는「特別 특별」을 써서「特別な方法 특별한 방법」으로 하면 바른 문장이 된다.

2) 2　よく聞こえないので、テレビの音を調節しました。
잘 들리지 않아서 TV 소리를 조절했습니다.

✦「調節 조절」은 크기, 길이, 높이 등을 알맞은 상태로 하거나 맞춘다는 의미이다. 1은「やり直す 다시 하다」, 3은「整理する 정리하다」, 4는「節約する 절약하다」를 활용하면 바른 문장이 된다.

4 1) 3　2) 3

5 1) 2　2) 4

17회 　연습 문제 46~47p

やってみよう

1) 営業 영업　2) 済ませる 끝내다　3) 引き受けて 맡아 ✦「受け取る 받다, 수취하다(→ 22회)」
4) 責任 책임

1 1) 父は社長で、会社を（ 2 経営 ）しています。
아버지는 사장님이고 회사를 경영하고 있습니다.

2) 1週間（ 1 休暇 ）を取って、家族と旅行に行きます。
일주일간 휴가를 내서 가족과 여행을 갑니다.

3) あさってから10日間、仕事で海外に（ 3 出張 ）することになりました。
내일모레부터 10일간, 일 때문에 해외로 출장을 가게 되었습니다.

4) 夏休みに海外旅行がしたいので、インターネットで（ 2 情報 ）を集めます。
여름 휴가 때 해외여행을 가고 싶어서 인터넷에서 정보를 수집합니다.

5) この店は朝10時から夜8時まで（ 1 営業 ）しています。

이 가게는 아침 10시부터 밤 8시까지 영업하고 있습니다.

2 1) 3 事務所 사무실

田中さんは今オフィスにいます。

다나카 씨는 지금 오피스(사무실)에 있습니다.

2) 2 同じ会社の人 같은 회사 사람

彼はわたしの同僚です。

그는 나의 동료입니다.

3 1) 2 1時間も寝坊して、会議に遅刻しました。

1시간이나 늦잠을 자서 회의에 지각했습니다.

✦「遅刻 지각」은 사람이 학교나 회사, 약속 등의 정해진 시간에 늦는다는 의미이다. 1, 3, 4의 늦은 것은 각각 버스, 시계, 작업으로 사람이 아니다. 1, 3, 4는「遅れる 늦다, 늦어지다」를 활용하면 바른 문장이 된다.

2) 1 この書類に住所と名前を書いてください。

이 서류에 주소와 이름을 적어 주세요.

✦ 2는「文房具 문구,문방구」, 3은「資料 자료」 4는「本 책」으로 하면 바른 문장이 된다.

4 1) 2 2) 2

5 1) 2 2) 1

18회

연습 문제 48~49p

やってみよう

1) 倍(두) 배 2) 減り 줄었(습니다) 3) 増えた 늘었다 4) 最高 최고 5) 大量 대량

1 1) 今年の夏はいろいろなところに行けて、（ 1 最高 ）に楽しかった。

올 여름은 여러 곳에 갈 수 있어서 최고로 즐거웠다.

2) 留学生はこの学校の学生の20パーセントを（ 2 占めて ）います。
유학생은 이 학교 학생의 20%를 차지하고 있습니다.

3) 町の人口が約半分に（ 4 へりました ）。
마을 인구가 약 절반으로 줄었습니다.

4) 20年前に比べて、企業の数が（ 2 倍 ）になりました。
20년 전에 비해 기업의 수가 두 배가 되었습니다.

5) この地図を見れば、町（ 3 全体 ）の様子がわかります。
이 지도를 보면 마을 전체의 모습을 알 수 있습니다.

2 1) 3 残った 남았다
お金があまったので、貯金しました。
돈이 남아서 저금했습니다.

2) 3 ひどい 지독하다, 형편없다
あの人は最低な人です。
저 사람은 형편없는 사람입니다.

3 1) 4 社長の意見に反対する社員は全体の半分を占めています。
사장님 의견에 반대하는 사원은 전체의 반을 차지하고 있습니다.

✧「占める 차지하다」는 전체 중에서 그것이 어느 정도 있는지를 나타낸다. 1은「かかります (시간이) 걸립니다」, 2는「持って 소유하고」, 3은「占って 점쳐」로 하면 바른 문장이 된다.

2) 1 その木の高さは3メートル程度です。
그 나무의 높이는 3미터 정도입니다.

✧「～程度 정도」는「くらい／ぐらい 정도」와 의미가 비슷하다.「～程度」는「1メートル程度 1미터 정도」,「5分程度 5분 정도」와 같이 기준이 되는 크기, 길이, 높이, 세기, 무게, 수량, 레벨 등을 나타내는 말과 함께 사용한다. 2는「少し 조금」,「適当 적당」, 3, 4는「ごろ ~경, ~쯤」으로 하면 바른 문장이 된다.

4 1) 4 ✧ 1「数 수」, 2「缶 캔」, 3「袋 봉지」 2) 3

5 1) 2 2) 2

19회

연습 문제 50~51p

やってみよう

1) 辺り(あた) 주위 ✦「辺り(あた) 주위」와「近所(きんじょ) 근처」는 둘 다 가까운 곳이라는 의미인데, 예를 들면「うちの辺り(あた) 집 주위」는 집과 그 주위를 의미한다.「うちの近所(きんじょ) 집 근처」는 집에서 가까운 곳으로 집은 포함되지 않는다.

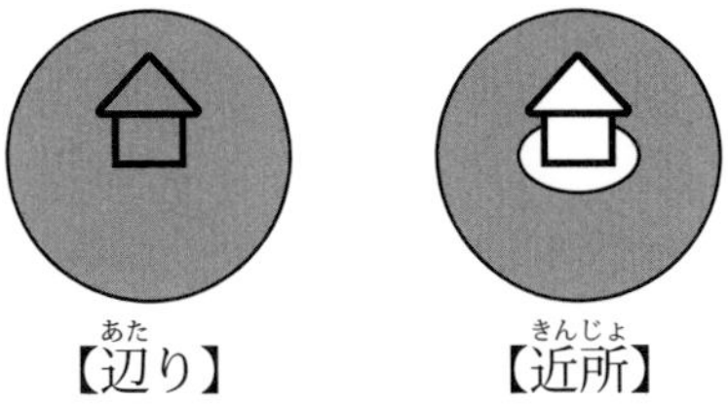

2) 側(がわ) 측, 쪽　3) 地下(ちか) 지하　4) 向(む)き 방향　5) がらがら (목소리가) 쉬어 있는 모양, 텅텅 비어 있는 모양

1

1) この（　2　辺り(あた)　）に郵便局(ゆうびんきょく)はありませんか。
이 근처에 우체국은 없습니까?

2) コンサートの席(せき)は前(まえ)から２（　3　列(れつ)　）目(め)です。
콘서트 자리는 앞에서 두 번째 열입니다.

3) 道(みち)に迷(まよ)ったので、地図(ちず)で駅(えき)の（　1　位置(いち)　）を確認(かくにん)しました。
길을 헤매서 지도로 역 위치를 확인했습니다.

4) となりの人(ひと)とできるだけ（　3　間隔(かんかく)　）を空(あ)けて座(すわ)ってください。
옆 사람과 가능한 한 간격을 띄고 앉아 주세요.

5) 休(やす)みの日(ひ)は子(こ)どもといっしょに公園(こうえん)を（　4　ぶらぶら　）散歩(さんぽ)します。
쉬는 날은 아이와 함께 공원을 어슬렁어슬렁 산책합니다.

✦「ぶらぶら 어슬렁어슬렁」은 특별히 목적 없이 천천히 걷고 있는 모습이다.

2

1) 4　すいていました 텅텅 비어 있었습니다
昨日(きのう)行(い)ったレストランはがらがらでした。
어제 갔던 레스토랑은 텅텅 비어 있었습니다.

2) 4　場所(ばしょ) 장소
いすとテーブルの位置(いち)を決(き)めました。
의자와 테이블의 위치를 정했습니다.

3 1) 2 この地方(ちほう)の習慣(しゅうかん)を知(し)らないので、教(おし)えてください。
이 지방의 습관(관습)을 모르니 가르쳐 주세요.

✦「地方(ちほう) 지방」은「この地方(ちほう)の文化(ぶんか) 이 지방의 문화」,「この地方(ちほう)の経済(けいざい) 이 지방의 경제」와 같이 집 근처나 하나의 마을보다도 넓은 범위의 토지를 나타내는 경우가 많다. 1은「南側(みなみがわ) 남측, 남쪽」, 3은「場所(ばしょ) 장소」, 4는「地下(ちか) 지하」로 하면 바른 문장이 된다.

2) 3 初(はじ)めての町(まち)で道(みち)がわからなくて、うろうろしました。
처음 간 동네에서 길을 몰라 서성거렸습니다.

✦「うろうろ 허둥지둥」은 어디로 가면 좋을지 몰라서 망설이고 있는 모습이다. 1은「ぶらぶら 흔들흔들」, 2는「ふらふら 빙빙, 비틀비틀」, 4는「どきどき 두근두근」으로 하면 바른 문장이 된다.

4 1) 3 2) 3

5 1) 1 ✦ 3「回（カイ、まわ・す、まわ・る）(→28회)」 2) 2

20회

연습 문제 52~53p

1 1) 5歳(さい)のとき、家(いえ)が火事(かじ)になったが、（ 3 当時(とうじ) ）のことはあまり覚(おぼ)えていない。
다섯 살 때, 집에 불이 났는데 당시의 일은 별로 기억나지 않는다.

2) 学生(がくせい)の夏休(なつやす)みのように、（ 4 長期(ちょうき) ）の休(やす)みが取(と)れたら何(なに)をしたいですか。
학생의 여름 방학처럼 장기 휴가를 낼 수 있다면 무엇을 하고 싶습니까?

3) だんだん空(そら)が明(あか)るくなって、夜(よる)が（ 1 明(あ)けて ）きた。
점점 하늘이 밝아오더니 동이 트기 시작했다.

✦「夜(よる)が明(あ)ける 동이 트다」는 아침이 되어 하늘이 밝아져 가는 모습이다.「夜(よ)が明(あ)ける」라고도 한다.

4) わたしの仕事(しごと)は、土日(どにち)は休(やす)みですが、（ 3 平日(へいじつ) ）はとても忙(いそが)しいです。
제 일은 토, 일요일은 쉬지만 평일은 매우 바쁩니다.

✦「土日(どにち)」란「土曜日(どようび)と日曜日(にちようび) 토요일과 일요일」이라는 의미이다.

5) 失敗しないように、（ 2 今後 ）の計画をもう一度考えましょう。
실패하지 않도록 앞으로의 계획을 한번 더 생각합시다.

2 1) 3 その日 그 날
大切なテストがあったのに、当日寝坊してしまって受けられなかった。
중요한 테스트가 있었는데 당일에 늦잠 자 버려서 (시험을) 볼 수 없었다.

2) 3 過ぎる 지나다
時間がたつのを忘れるぐらい、この本はおもしろいですよ。
시간이 가는 것을 잊을 만큼 이 책은 재미있어요.

3 1) 1 もう9時なので、そろそろパーティーはおしまいにしましょう。
벌써 9시니까 슬슬 파티는 끝냅시다.
✦ 2는「売り切れ 매진, 품절」, 3은「締め切り 마감」, 4는「最後 마지막」으로 하면 바른 문장이 된다.

2) 3 開会式が始まる時刻は、午後2時だそうです。
개회식이 시작되는 시각은 오후 2시라고 합니다.
✦ 1은「期間 기간」, 2는「時間 시간」, 4는「間 동안」으로 하면 바른 문장이 된다.

4 1) 3 ✦ 1「時間 시간」, 2「時期 시기」, 4「事故 사고」 2) 2
3) 1 ✦ 2「遅れる 늦다」, 3「疲れる 지치다, 피곤해지다」, 4「呼ぶ 부르다(→ 24회)」
4) 1 ✦ 2「休暇 휴가」, 3「時間 시간」, 4「季節 계절」

5 1) 1 2) 3 ✦ 1～4「在（ザイ）」
3) 2 ✦ 3「記（キ、しる・す）」 4) 2

21회 연습 문제 54~55p

やってみよう

1) 取れない 취하지 못하다　2) かけた (말을) 걸었다　3) 当たって 들어맞아서

4) 振られた 차였다

1

1) 今度の土曜は都合が（　2　付いた　）から、ボランティアに参加することにした。
이번 토요일은 상황이 괜찮아서(형편이 되어서) 자원봉사에 참가하기로 했다.

2) 試験合格という目標を（　3　立てて　）勉強している。
시험 합격이라는 목표를 세워서 공부하고 있다.

3) 選手は試合の後、応援してくれた人たちに手を（　2　振った　）。
선수는 시합 후 응원해 준 사람들에게 손을 흔들었다.

4) あしたは3時からの会議に（　4　出なければ　）なりません。
내일은 3시부터의 회의에 가지 않으면 안 됩니다.
✤ 会議に出る 회의에 나가다 = 会議に出席する 회의에 출석(참석)하다

5) 駅の前で、女の人がこの紙を（　1　配って　）いましたよ。
역 앞에서 여자가 이 종이를 나눠주고 있었어요.

2

1) 2　卒業して 졸업하고
わたしの父は、学校を出てから40年働いているそうです。
우리 아버지는 학교를 나온 뒤 40년 일하고 있다고 합니다.

2) 2　考えました 생각했습니다
友達と京都に行く計画を立てました。
친구와 교토에 갈 계획을 세웠습니다.

3

1) 1　ソファーで寝ている弟に、毛布をかけた。
소파에서 자고 있는 남동생에게 담요를 덮어 주었다.
✤ 2는「しまって 넣어」, 3은「まとめて 정리해서」,「分けて 분류해서」, 4는「入れた 넣었다」로 하면 바른 문장이 된다.

2) 3 友達(ともだち)が投(な)げたボールが、体(からだ)に当(あ)たってしまって痛(いた)い。

친구가 던진 공이 몸에 맞아 버려서 아프다.

✦ 1은「もらった 받은」, 2는「たたいて 두드리고(→22회)」, 4는「就職(しゅうしょく)して 취직해서」, 「入(はい)って 들어가서」로 하면 바른 문장이 된다.

4 1) 1 ✦ 2「浮(う)く 뜨다」, 3「拭(ふ)く 닦다」, 4「置(お)く 두다」

2) 3 ✦ 1「切(き)る 자르다」, 2「配(くば)る 나누어 주다」, 4「持(も)つ 들다, 소유하다」

5 1) 1 ✦ 2「記(キ、しる・す)」 2) 4

22회

연습 문제 56~57p

1 1) 学校(がっこう)から（ 3 受(う)け取(と)った ）書類(しょるい)をなくしてしまった。

학교에서 받은 서류를 잃어버렸다.

2) 彼(かれ)は足(あし)を（ 3 組(く)んで ）いすに座(すわ)った。

그는 다리를 꼬고 의자에 앉았다.

3) 犬(いぬ)が庭(にわ)におもちゃを（ 1 うめて ）います。

개가 마당에 장난감을 묻고 있습니다.

4) あそこの公園(こうえん)の運動場(うんどうじょう)は、周(まわ)りを木(き)に（ 2 かこまれて ）います。

저기의 공원 운동장은 주위가 나무로 둘러싸여 있습니다.

2 1) 3 遠(とお)いところに行(い)って 먼 곳에 가서

生(う)まれた町(まち)から離(はな)れて、生活(せいかつ)しています。

태어난 동네에서 떨어져 생활하고 있습니다.

2) 2 誰(だれ)にも見(み)られないように、しまった 아무도 보지 못하도록 치웠다

テストの結果(けっか)がよくなかったので、かばんに隠(かく)した。

테스트 결과가 좋지 않았기 때문에 가방에 숨겼다.

3 1) 3 庭に穴を掘ってから、木を植えましょう。

정원에 구멍을 판 뒤 나무를 심읍시다.

✦ 1은「出して 꺼내서」, 2는「壊して 부수어, 부수고」, 4는「開けて 열어서, 열고」로 하면 바른 문장이 된다.

2) 3 夜遅くに、急にドアをたたく音がしてびっくりした。

밤늦게 갑자기 문을 두드리는 소리가 나서 깜짝 놀랐다.

✦ 1은「押す 누르다」, 2는「ぶつかった 부딪혔다」, 4는「蹴って 차며」로 하면 바른 문장이 된다.

4 1) 2 ✦ 1「遊ぶ 놀다(→30회)」, 3「叫ぶ 외치다(→24회)」, 4「呼ぶ 부르다(→24회)」

2) 3 ✦ 1「決める 결정하다」, 2「見せる 보여주다」, 4「知る 알다」

3) 4 ✦ 1「宿題 숙제」, 2「練習 연습」, 3「目的 목적(→27회)」

4) 1 ✦ 2「靴 신발, 구두」, 3「皿 그릇」, 4「服 옷」

5 1) 2 2) 1 ✦ 1～4「留（ル、リュウ）」

3) 3 4) 1 ✦ 3「細（サイ、ほそ・い）」

23회

연습 문제 58~59p

1 1) 10年後、自分がどんな生活をしているか全く（ 3 想像 ）できない。

10년 뒤, 내가 어떤 생활을 하고 있을지 전혀 상상이 되지 않는다.

2) みんなに言われてやっと、彼は自分の間違いを（ 3 認めた ）。

모두가 말하자 겨우 그는 자신의 실수를 인정했다.

3) あの人が話したことはうそだったのに、全員が（ 2 信じて ）しまった。

저 사람이 말한 것은 거짓말이었는데 전원이 믿고 말았다.

4) 父は病気になったとき、もうたばこは吸わないと（ 2 決心 ）したそうだ。

아버지는 병에 걸렸을 때, 더 이상 담배는 피우지 않겠다고 결심했다고 한다.

5) 家族が見ているテレビが気になって、宿題に（ 1 集中 ）できない。

가족이 보고 있는 TV가 신경 쓰여서 숙제에 집중할 수 없다.

2 1) 2 考え 생각

みんなの<u>意見</u>をまとめて、レポートを書いた。

모두의 의견을 정리해서 리포트를 썼다.

2) 1 アイディア 아이디어

来月のパーティーについて、二つか三つ、<u>案</u>を考えましょう。

다음 달 파티에 대해서 두세 가지 안을 생각해 봅시다.

✦ 3「メニュー 메뉴」

3 1) 4 他の人の言うことをすぐに<u>疑う</u>のはよくないよ。

다른 사람이 말하는 것을 바로 의심하는 것은 좋지 않아.

✦ 1은「思います 생각합니다」, 2는「注意した 주의를 주었다」, 3은「迷って 망설여, 망설이고」로 하면 바른 문장이 된다.

2) 3 話さないと約束していたのに、他の人に<u>うっかり</u>話してしまった。

말하지 않겠다고 약속했는데 다른 사람에게 무심코 말해 버렸다.

✦「うっかり 깜박, 무심코」는 '주의가 모자라서, 별로 생각하지 않고' 무언가를 해 버렸을 때 사용한다. 1, 2, 4는「しっかり 착실히」로 하면 바른 문장이 된다.

4 1) 2

2) 1 ✦ 2「知る 알다」, 3「迷う 헤매다」, 4「分かる 알다, 이해하다」

3) 4

4) 4 ✦ 1「返す 돌려주다」, 2「直す 고치다」, 3「戻す 되돌리다」

5 1) 1 2) 3 3) 2

4) 1 ✦ 1～4「側（ソク、がわ）」, 4「表（ヒョウ、あらわ・す、おもて）(→24회)」

24회

연습 문제 60~61p

1 1) 彼が学校を辞めるという（ 3 うわさ ）が、学校中に広がっている。
그가 학교를 그만둔다는 소문이 학교 전체에 퍼져 있다.

2) 今晩、卒業後のことについて、両親と（ 3 話し合う ）つもりだ。
오늘 밤 졸업 후의 일에 대해서 부모님과 함께 이야기를 할 생각이다.

3) 大学で、学生たちがボランティアへの参加を（ 4 呼びかけて ）いた。
대학에서 학생들이 자원봉사에 참가할 것을 호소하고 있었다.

4) 歌が下手だと言ったのは、ただの（ 3 じょうだん ）のつもりだったんです。
노래를 잘 못한다고 말한 것은 그저 농담일 뿐이었습니다.

5) 自分の気持ちを言葉で（ 1 表す ）のは、難しいです。
자신의 기분을 말로 표현하는 것은 어렵습니다.

2 1) 2 とても上手だ 매우 잘하다
あの人はフランス語がぺらぺらだそうですよ。
저 사람은 프랑스어가 유창하다고 합니다.

2) 3 教えて 가르쳐, 알려
ここまでできたら、報告してくださいね。
여기까지 다 되면 보고해 주세요.

✦「報告する 보고하다」는 어떤 일을 하도록 들은 사람이 지금의 상태나 결과를 전하는 것을 나타낸다.

3 1) 3 大学に合格できなかったわたしを、母は優しく慰めてくれた。
대학에 합격하지 못한 나를 엄마는 다정하게 위로해 주었다.

✦ 1은「片付けた 정리했다」, 2는「楽です 편합니다」, 4는「休ませましょう 쉬게 합시다(쉽시다)」로 하면 바른 문장이 된다.

2) 2 となりの家のおじいさんが、いたずらをした男の子を怒鳴った。
옆집 할아버지가 장난을 친 남자아이를 호통쳤다.

✦ 1은「歌って (노래를) 부르고」, 3은「サイレンを鳴らし 사이렌을 울리(면서)」, 4는「叱られた 꾸지람을 들었다」,「注意された 주의받았다」로 하면 바른 문장이 된다.

4 1) 2　2) 4

3) 2 ✦ 1「褒める 칭찬하다」, 3「決める 결정하다」, 4「叱る 꾸짖다」

4) 4 ✦ 1「申し込む 신청하다」, 2「選ぶ 고르다, 선택하다」, 3「叫ぶ 외치다」

5 1) 1　2) 2　3) 3 ✦ 1～4「報（ホウ）」　4) 1

25회

연습 문제 62~63p

やってみよう

1) 説明　2) 仕事　3) 光　4) 色

1 1) いい生活をしている人が（　1　うらやましい　）です。

풍족한 생활을 하는 사람이 부럽습니다.

2) ここは（　4　緩い　）坂だから、自転車でも簡単に登れる。

여기는 완만한 언덕이기 때문에 자전거로도 간단하게 오를 수 있다.

3) あの人は（　1　おとなしくて　）、クラスの友達ともあまり話しません。

저 사람은 얌전해서 클래스 친구들과도 별로 이야기하지 않습니다.

4) 空が暗くなって、急に（　4　はげしい　）雨が降ってきた。

하늘이 어두워지고 갑자기 거센 비가 내리기 시작했다.

5) 昨日はサッカーの試合に負けて、とても（　1　くやしかった　）。

어제는 축구 시합에 져서 매우 분했다.

2 1) 2　よく切れる 잘 잘리다

このナイフは鋭いので、使うときに気をつけてください。

이 나이프는(칼은) 날카로우니 사용할 때 조심하세요.

2) 1　お金がなかった 돈이 없었다

小さいころから、彼女の家は貧しかった。

어렸을 때부터 그녀의 집은 가난했다.

3 1) 3 窓(まど)から入(はい)る光(ひかり)がまぶしいので、カーテンを閉(し)めましょう。
창문으로 들어오는 빛이 눈부시니 커튼을 칩시다.

✦ 1과 4는「明(あか)るい 밝다」, 2는「光(ひか)っていて 빛나고 있어」로 하면 바른 문장이 된다.

2) 1 太(ふと)ってしまったから、去年(きょねん)のスカートがきつくて、はけません。
살이 쪄 버렸기 때문에, 작년의 스커트가 꽉 껴서 입을 수 없습니다.

✦ 2는「固(かた)く 딱딱해(져)」, 3은「強(つよ)くて 강하고」, 4는「ぴったりだった 딱 맞았다」로 하면 바른 문장이 된다.

4 1) 2 ✦ 1「親(した)しい 친하다」, 3「すごい 굉장하다」는 히라가나로 쓴다. 4「鋭(するど)い 날카롭다」

2) 2

5 1) 4 2) 1

26회

연습 문제 64~65p

やってみよう

1) 人(ひと) 사람 2) 問題(もんだい) 문제 3) 野菜(やさい) 야채, 채소 4) 坂(さか) 비탈길, 고개, 언덕

1 1) 歩(ある)くだけの（ 3 単純(たんじゅん)な ）運動(うんどう)でも、健康(けんこう)にいいですよ。
걷기만 하는 단순한 운동이라도 건강에 좋습니다.

2) この仕事(しごと)は少(すこ)し（ 4 面倒(めんどう) ）なので、みんなで分(わ)けたほうがいいと思(おも)う。
이 일은 조금 성가시니 모두가 나누어서 하는 편이 좋다고 생각한다.

✦「面倒(めんどう)な仕事(しごと) 성가신 일」이란, 하는 데 시간이 걸리거나 고생스러운 일 등을 말한다.

3) （ 2 急(きゅう)な ）用事(ようじ)ができてしまったので、あしたは休(やす)ませていただきます。
급한 용무가 생겨 버렸기 때문에 내일은 쉬도록 하겠습니다.

4) これはわたしが直接確認(ちょくせつかくにん)した、（ 3 確(たし)かな ）情報(じょうほう)です。
이것은 제가 직접 확인한 확실한 정보입니다.

5) 色も デザインも派手じゃない、（ 4 シンプルな ）服が好きです。
색도 디자인도 화려하지 않은 심플한 옷을 좋아합니다.

✦ 3「オーバーな 과장된, 오버인(→ 29회)」

2 1) 3 ぜんぶの 전부의, 여러 가지의, 모든
やせようと思って、あらゆる方法を試してみたが、だめだった。
살을 빼려고 생각해서 온갖 방법을 시도해 봤지만 소용없었다.

2) 1 うそをつかないで 거짓말을 하지 말고
自分の間違いに気がついたら、正直に言ってください。
자신의 잘못을 깨달았으면 솔직히 말해 주세요.

3 1) 2 新しい商品がぜんぜん売れないことは、重大な問題です。
새 상품이 전혀 팔리지 않는 것은 중대한 문제입니다.

✦「重大な 중대한」은 '매우 큰(거대한)'이라는 의미로, 「問題 문제・責任 책임・事件 사건」 등이 일반적이지 않고 큰일이 날지도 모를 일에 사용한다. 1은「大事な 소중한, 중요한」, 3은「重い 무겁다」, 4는「大きい 크다」, 「背が高い 키가 크다」로 하면 바른 문장이 된다.

2) 3 今日の主なニュースをお知らせします。
오늘의 주요 뉴스를 알려 드리겠습니다.

✦ 1은「にぎやか 번화(함)」, 2는「重大 중대(함)」, 4는「大切 소중(함), 중요(함)」로 하면 바른 문장이 된다.

4 1) 2 2) 4

5 1) 1 2) 2

27회

연습 문제 66~67p

やってみよう

1) たった 겨우　2) そっくり 모조리　3) ぼんやり 우두커니, 멍하니

4) 積極的に 적극적으로　5) ずいぶん 대단히, 아주, 꽤

1

1) 20年前と比べて、この町は（　2　ずいぶん　）大きくなったなあ。
20년 전에 비해서 이 마을은 꽤 발전했네.

2) この後も部屋を使うので、エアコンは（　4　そのまま　）つけておいてください。
이후에도 방을 쓸 거니까 에어컨은 그대로 켜 두세요.

3) 息子は（　3　たった　）半年の間に5センチも背が高くなった。
아들은 불과 반년 사이에 5cm나 키가 자랐다.

4) 今年は（　2　絶対に　）試験に合格したいので、がんばって勉強しないと。
올해는 꼭 시험에 합격하고 싶기 때문에 분발해서 공부하지 않으면 안 된다.

5) 今夜は勉強するということは、（　4　つまり　）映画は見ないということですね。
오늘 밤은 공부하겠다는 것은, 즉 영화는 보지 않겠다는 거군요.

2

1) 2　さっぱり 도무지
今日のテストは難しくて、全くわからなかった。
오늘 테스트는 어려워서 전혀 알지 못했다.

2) 3　静かに 조용히
彼は部屋からそっと出ていった。
그는 방에서 살그머니 나갔다.

3

1) 1　わたしは、なるべく毎日、日本語を勉強するようにしています。
저는 되도록 매일 일본어를 공부하려고 하고 있습니다.

✧ 2는「一生懸命 열심히」, 3은「だいたい 대체로」, 4는「絶対に 절대로, 반드시」로 하면 바른 문장이 된다.

2) 4 どの料理もとてもおいしくて、<u>さすが</u>プロの料理人ですね。
어느 요리나(모든 요리가 다) 아주 맛있고, 역시 프로 요리사네요.

✦ 1은「全く 전혀」, 2는「たった 겨우」, 3은「やはり 역시」,「やっぱり 역시(やはり의 힘준 말」로 하면 바른 문장이 된다.

4 1) 2 2) 2

5 1) 3 ✦ 4「宿（シュク、やど）」 2) 1 1～4「対（タイ、ツイ）」

28회

연습 문제 68~69p

やってみよう

1) たまたま 마침, 우연히 2) まあまあ 그런대로 3) ぐらぐら 흔들흔들 4) ばらばら 뿔뿔이

1 1) 夕方になって、コンサート会場は（ 4 ますます ）人が多くなってきた。
저녁 무렵이 되어 콘서트 행사장은 점점 사람이 많아지기 시작했다.

2) 缶の中に小さい石が入っていて、（ 1 からから ）と音がします。
캔 안에 작은 돌이 들어 있어서 달그락달그락 소리가 납니다.

3) 準備に2か月かかったスピーチ大会が（ 3 いよいよ ）始まります。
준비에 2개월 걸린 스피치 대회가 드디어 시작됩니다.

4) いい天気だったのに、（ 4 突然 ）空が暗くなって、雨が降ってきた。
날씨가 좋았는데 돌연 하늘이 어두워지더니 비가 내리기 시작했다.

5) 天気予報によると、この雪は（ 3 まだまだ ）やまないらしい。
일기 예보에 따르면 이 눈은 아직 그치지 않을 것이라고 한다.

2 1) 3 やっと 간신히
病院で1時間待って、<u>ようやく</u>自分の番が来た。
병원에서 1시간 기다려 겨우 내 차례가 왔다.

2) 4 前に 전에
以前先生の家に伺ったときに、彼女と知り合ったんです。
전에 선생님 댁을 방문했을 때, 그녀와 알게 되었습니다.

3 1) 2 新しいパソコンを買ったので、早速使ってみた。
새 컴퓨터를 사서 즉시 사용해 보았다.

✦「さっそく 당장, 즉시」는 '무언가가 있고 그 뒤에 바로'라는 의미이다. 1, 3은「早く 빨리」, 4는「もう 이미, 벌써」로 하면 바른 문장이 된다.

2) 1 この町は、新しいビルが次々と建てられている。
이 동네는 새 빌딩이 잇따라 세워지고 있다.

✦ 2는「どんどん 점점」, 3은「ずっと 계속」, 4는「よく 자주」로 하면 바른 문장이 된다.

4 1) 4 2) 4

5 1) 3 2) 1

29회

연습 문제 70~71p

1 1) あの店は、料理がおいしいし（ 1 サービス ）もいいので人気がある。
저 가게는 요리가 맛있고 서비스도 좋아서 인기가 있다.

2) 高田さんが電話に出ないので、（ 3 メッセージ ）を残しておいた。
다카다 씨가 전화를 받지 않아서 메시지를 남겨 두었다.

3) 日本語で（ 3 コミュニケーション ）ができるようになって、うれしいです。
일본어로 커뮤니케이션을 할 수 있게 되어 기쁩니다.

4) マラソン選手が（ 2 コース ）を間違えて、走っていってしまった。
마라톤 선수가 코스를 잘못 보고 달려 가고 말았다.

5) テーブルといすの（ 3 セット ）を買った。
테이블과 의자 세트를 샀다.

2 1) 3 取り消した 취소했다

仕事が入ってしまったので、病院の予約を<u>キャンセルした</u>。

일이 들어와 버려서 병원 예약을 캔슬(취소)했다.

✦ 예약, 약속, 주문 등을 그만둘 때에는「取り消す 취소하다」를 사용한다. 콘서트나 시합 등의 이벤트를 그만둘 때에는「中止する 중지하다」를 사용한다.

2) 4 始まる 시작되다

あと5分で、サッカーの試合が<u>スタートする</u>。

앞으로 5분 후에 축구 시합이 스타트(시작)된다.

3 1) 2 ワンさんは、スピーチで決められた時間を5分も<u>オーバー</u>した。

왕 씨는 스피치에서 정해진 시간을 5분이나 오버(초과)했다.

✦ 1은「たくさん買い物をして 물건을 많이 사서」,「買い物をしすぎて 쇼핑을 너무 해서」, 3은「たくさん食べても 많이 먹어도」,「食べすぎても 지나치게 먹어도, 과식해도」, 4는「火が強すぎて 불이 너무 세서」로 하면 바른 문장이 된다.

2) 1 うちの近くに、新しいスーパーが<u>オープン</u>するらしい。

집 근처에 새로운 슈퍼마켓이 문을 연다고 한다.

✦ 2는「始まる 시작되다」, 3은「招待されていない人が入ってもいい 초대받지 않은 사람이 들어가도 된다」,「無料 무료」등, 4는「切る 자르다」,「開く 열다」등으로 하면 바른 문장이 된다.

4 1) 4 ✦ 1「押す 누르다, 밀다」, 2「貸す 빌려주다」, 3「落とす 떨어뜨리다」

2) 1 ✦ 2「うまい 맛있다」는 히라가나로 쓴다. 3「辛い 맵다」, 4「白い 하얗다」

3) 4 ✦ 1「教える 가르치다」, 2「覚える 외우다, 기억하다」, 3「答える 대답하다」

4) 4

5 1) 2 2) 3 3) 2 ✦ 1, 3「体」도「テイ」라고 읽을 수 있다.

4) 4

30회

연습 문제 72~73p

やってみよう

1) 試合(しあい) 시합, 경기　2) 印象(いんしょう) 인상　3) 切符(きっぷ) 표, 티켓

1 1) あの歌手(かしゅ)は人気(にんき)があって、コンサートの（　3　チケット　）がなかなか買(か)えない。

저 가수는 인기가 있어서 콘서트 티켓을 좀처럼 살 수 없다.

2) 手(て)をきれいに洗(あら)ってから、乾(かわ)いた（　2　タオル　）でふきました。

손을 깨끗이 씻고 나서 마른 타월로 닦았습니다.

✦ 1「エアコン 에어컨」

3) 車(くるま)の（　2　カタログ　）を見(み)ていたら、買(か)いたくなってきてしまった。

자동차 카탈로그를 보고 있었더니 사고 싶어져 버렸다.

4) ハメスが（　2　キャプテン　）になってから、あのサッカーチームは強(つよ)くなった。

하메스가 캡틴(주장)이 되고 나서부터 저 축구팀은 강해졌다.

✦ 3「ダイエット 다이어트」, 4「ハンサム 핸섬, 잘생김」

5) もっと速(はや)く走(はし)れるように、毎日(まいにち)（　4　トレーニング　）しています。

좀 더 빨리 달릴 수 있도록 매일 트레이닝(훈련)하고 있습니다.

2 1) 2　切符(きっぷ) 표, 티켓

チケットを持(も)っていますか。

티켓을 가지고 있습니까?

2) 4　問題(もんだい) 문제

わたしは最近(さいきん)、人間関係(にんげんかんけい)のトラブルで悩(なや)んでいる。

나는 요즘 인간관계의 트러블로 고민하고 있다.

3 1) 4　暑(あつ)くなったので、子(こ)どもたちの髪(かみ)を短(みじか)くカットした。

더워져서 아이들의 머리를 짧게 커트했다.

✦ 1은「おしまいにする 파하다, 끝내다」,「おわりにする 끝내다」, 2는「消(け)す 끄다」, 3은「首(くび)にされる 해고당하다」를 활용하면 바른 문장이 된다.

2) 1 そのドレス、ちょっと変(か)わったデザインですね。
그 드레스, 좀 색다른 디자인이군요.

✦ 2와 3은 「計画(けいかく) 계획」, 4는 「すてきなデザイン 멋진 디자인」으로 하면 바른 문장이 된다.

4 1) 2 2) 1

5 1) 1 2) 1

모의시험

모의시험 76~80p

問題(もんだい) 1

1 2　2 2　3 4　4 3　5 2　6 3　7 3　8 4

問題(もんだい) 2

9 3　10 2　11 3　12 2　13 2　14 4

問題(もんだい) 3

15 2　16 4　17 1　18 1　19 4　20 2　21 3
22 4　23 2　24 4　25 2

問題(もんだい) 4

26 2　27 2　28 2　29 1　30 1

問題(もんだい) 5

31 1　32 3　33 4　34 2　35 2

MEMO

문제 유형별 핵심 포인트 총정리

시사 JLPT 합격 시그널

일본어능력시험

N3 문자 어휘

정답 및 해설

Since1977

시사 Dream,
Education can make dreams come true.

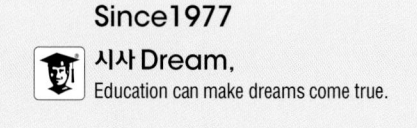